Anthologia

Poesie fino ai quarant'anni
1991-2023

Flavio Ferri-Benedetti
Illustrazioni di Silvano Ferri-Benedetti

Anthologia – Poesie fino ai quarant'anni (1991-2023)
Flavio Ferri-Benedetti
Illustrations by Silvano Ferri-Benedetti

First Edition – May 2023

ISBN: 978-3-9525859-0-0
SBVV - Switzerland

No portion of this book may be reproduced in any form without written permission from the publisher or author.

© 2023 BY FLAVIO FERRI-BENEDETTI – ALL RIGHTS RESERVED

INFANZIA

IL PARADISO
(Sassuolo, 1991)

  Dio con una mano ci accarezza,
con l'altra ci prende, ci apre,
ci guarda i peccati,
ci mette in paradiso.

LA DANZA D'UNA FARFALLA
(Sant'Antonino di Casalgrande, 5 giugno 1992)

Da un petalo all'altro,
svolazzante,
un battito d'ali se ne va,
nell'immenso cielo.
Curve, angoli;
ad un tratto
scompare e ritorna.
   È un ballo infinito
   pieno di colori.
   Svanisce in un frutteto
   tra ciliegie e prugne.

LE STELLE
(Sant'Antonino di Casalgrande, 5 giugno 1992)

Tante luci, ad una ad una,
si accendono.
Stelle nel cielo,
stelle nel buio.

PROLOGO

PRIMER SONETO
(Benicàssim, verano de 1996, con trece años)

En tu dulzura y dulces ojos muero,
tus estrellas brillantes y bellísimas,
pues ellas mismas me dicen "te quiero"
enviando a mí sus miradas dulcísimas.

Y si acaso desdenes me lanzaran,
esos luceros tan maravillosos
y el pobre corazón ellos vaciaran,
¡les pido sean conmigo piadosos!

¿Por qué, guerrera, no te rindes ya?
¿Sigues luchando con tu mismo amor?
¿Matas a un corazón que muerto está?

¿Para qué, pues, vivir con tal dolor?
O Cloris, amor mío, ten piedad:
¡en tu alma habría del lirio el candor!

DÉCIMA I (Benicàssim, verano de 1996)

De amor se ciñe mi vida
y le agrada tal aprieto,
nota que no es nada escueto
ya que no intenta la huida,
por la dulzura vencida;
a ella agrada su prisión
– ¡bien creo tenga razón! –
pero cuando ella se inquieta
es su pena más secreta,
dándome dulce ilusión.

DÉCIMA II (Benicàssim, verano de 1997)

Profundamente estremezco,
Cloris, ¿y de mí te alejas?
Doncella, el sol tú reflejas.
Pero me ahogo, adolezco
¡ay! pues de su luz carezco.
Como una muy débil flor
que en ausencia del calor
de su tan querida estrella
– el sol – su vida ya sella
en un tan triste dolor.

SONETO II
(Vila-real, verano de 1997)

  Así una aurora celestial lloraba
porque veía el cándido esplendor
de ojos entristecidos por amor
cuya luz a la suya comparaba.

  En esto ella decía, ella pensaba:
"¿Qué sentimiento o divina labor
pudo en ella causar tanto dolor?
Consolaré a quien así se angustiaba..."

  Y ella bajó desde su excelsa altura
disolviendo en el aire circunstante
su delicada, su noble frescura.

  Secósele una lágrima restante
a la dama – y la aurora con ternura
volvió pues a su cielo en un instante.

SONETO III
(Vila-real, verano de 1997)

   Si más yo admiro detenidamente
tus delicadas luces y tus perlas,
desmayarse y morir es poco al verlas,
pues enloquecen y ocupan mi mente,

   y aún más, ¡oh Dios!, si el alma lo presiente.
Tus bellezas intenta deshacerlas
el tiempo, y al gran astro devolverlas,
de tu belleza y de tu luz la fuente.

   Una cándida gota celestial
irrumpe entre tus rosas, y me muero
por tu tristeza tan fría y fatal.

   Desdichado, adolezco y desespero
por tu rigor, tan cruel y primordial,
pues piedad solamente de ti espero.

SONETO IV
(Vila-real, verano de 1997)

Adorables doncellas – al llorar
por esa ingrata me habéis consolado,
y ya, por lamentarme demasiado,
esa diosa me habéis hecho olvidar.

No sé si tengo que encolerizar
por estar en su tela enmarañado:
ya tanto por librarme yo he intentado
mi amor y mi pobre alma castigar.

¡Oh pruebas, deliciosos mil dolores,
carísimas pasiones, tristes llantos,
oh pálidos y crueles desencantos!

No, Cloris, no hace falta ni que llores:
¡O fénix fabulosa! Si en mi mente
te destruyo, ¡renaces nuevamente!

SONETO V
(Vila-real, verano de 1997)

  Oh, bien armada y fatal cazadora,
al pie te ves tus víctimas dolientes
y sed teniendo bebes en sus fuentes
lágrimas hechas por ti, mi señora.

  Dïana capturar éstos te implora,
mas siguiendo al amor a ella le mientes,
que en vez de elegirnos, excelentes,
queriendo andar más lejos tu alma explora.

  ¿Tan ambiciosa eres, Cloris mía,
y a la vez tanto de belleza armada,
que ignoras esas presas que aquí tienes?

  Ah, insensata, ya quieren que tú frenes.
Tu presa perderás, tan ignorada:
¡tú la ignoras, mas ella en ti porfía!

SONETO VI
(Vila-real, enero de 1998)

   ¿Almas son, oh Señor, transfiguradas
esas pálidas caras de la muerte
(mendiga lumbre tan obscura y fuerte)
que en sus ojos no veo enamoradas?

   ¡Horroroso clamor de mil espadas
oigo en mi mente, Cloris, por quererte!
Y ¡cuán duro, mi diosa, me es perderte,
pues pierdo así tus lágrimas amadas!

   Contradictoria es mi alma malherida,
mis sentidos por ti ya en guerra están.
¡Te adoro y te odio, mi ingrata querida!

   ¡Ay! Mil demonios me la llevarán,
pues entre dos perderemos la vida
¡mas no me salvaré si no querrán!

SONETO VII
(Vila-real, mayo de 1998)

Aprieta ya tu freno, ardiente carro,
tú que refulges sobre el bajo mundo.
Ya no ilumines, Escultor fecundo,
tus pobres obras de éter y de barro.

Tu bendición en un vuelo ya agarro
mientras tu tierra yo en el sueño inundo,
y en tanto con tu luz mi esencia infundo,
mi vida olvido, mi penar te narro.

Oh augusta pauta, tú, dulce esperanza:
volar por fin afuera deste Orbe
que ya en la obscuridad del duelo avanza;

en el cielo que atrae y que me absorbe
alzarse entonces a surcar las cimas,
en busca, oh Dios, de más divinos climas.

SONET VIII
(Vila-real, febrer de 1999)

   Celebrar-te no vull, meravellat
dins la mort de la qual veig la grandesa
ni vull que cerques la nit de bellesa
que em trau al dolç i infernal foc gelat!

   Quan hages arribat al meu costat,
ací baix, on serà doncs la fermesa?
De qui més seràs justament ofesa
vivint dins d'aquest Tàrtar amagat?

   Ai! Si cercant-me mous el negre fum
no trobaràs res més que un cos pas fort
que penedit té set de la tua llum.

   No puc morir dins del mar del conhort,
o Posidó dolent, que el foc no apagues.
Traïdora! Jo mor sense que pagues!

SONETO IX
(Vila-real, febrero de 1999)

¡Te vi, enigma de luces doradas,
tú, de lluvia amorosa suave aliento!
¡Te vi – o Misteriosa – en el viento,
que ya te esconde en sus cumbres doradas!

Se desvanecen las nieblas calladas
y es mi terror el que aquí más presiento:
sé que al decir "te vi" piadoso miento
deshilando ilusiones destrozadas.

¡O sombra! Yo te veo mas no te veo
y te pierdo, maldito, en las esquinas
y tu recuerdo disolver ya creo...

¡Huye! ¿Me escuchas? Huye, pues me inclinas
y me atrapas y por tu bien sollozo.
¿Me ves? Aunque te alcance no te rozo.

SONETO X
(Vila-real, marzo de 1999)

  Suena suave el silencio del olvido,
y susurra sincero y sin temores
qué es lo que sueñan aquellos señores
que se esconden altivos en su nido.

  Y todos sus caprichos ha cosido
a sus futuros duelos y dolores,
y aun detendrá sus audaces ardores,
cuando sus gozos luego habrán perdido.

  Estos soberbios padezcan, que ostentan
sus vidas ante nuestras bajas caras
y en su juicio y provecho nos enfrentan.

  Tú, celeste silbido que me amparas,
envuélveme, te ruego, en tu pobreza,
y tenme lejos de aquella vileza.

SONETO XI
(Vila-real, marzo de 1999)

   Meta letal que allá arriba me esperas
y en tus ataques lúcida me enfocas
para que yo no alcance aquellas bocas
de fuerza celestial fuentes sinceras;

   tú, que desde tus próvidas esferas
cien mil desgracias humanas colocas
sobre este pecho que de amor sofocas
y con la pena del rechazo alteras:

   ya no podía ser más doloroso
mi estado, sin que allá no me aceptaras,
en el sagrado triunfo del virtuoso:

   si la vía de salvarme tú encontraras,
merecería dichoso aquel trono
que sin querer ahora yo abandono.

MADRIGAL
(Vila-real, verano de 1999)

   Aquí, aquí, flechas de oro
que hacéis humana esta violencia,
que desangráis a quien adoro,
cabellos de sangre y fuego.

   Aquí, aquí, rayos de trueno
que reflejáis la blanca tez
y que destiláis miel de aquellos ojos.

   Aquí, aquí, oh fuentes,
mejillas de hielo que quitáis
cualquier sed de venganza
y depuráis la hiel de esta alma.

   Abusad de mi respiro,
embargadoras delicias dolorosas,
que de la nada nacéis
y por todo morís.

¿DÓNDE ESTÁ EL OTOÑO?
(Vila-real, verano de 1999)

¿Dónde está el otoño?
Pues que la lluvia desea llegar
hasta el corazón de la tierra

y dejar claro que en cuanto
la fresca hierba sea verde
y el ruiseñor vuele lejos
de los amantes celosos,

un ardor de ámbar
invadirá la faz de las hojas.

¡Pululen los roedores en círculo
y entonen un canto fúnebre!
El verano muere y muere la vida.

BALADA DEL NAUFRAGIO
(Vila-real, agosto de 1999)

   Resuena el hablar antiguo
y el sabor de la madera
tan amarga de recuerdo
sobre la arena.

   No sólo vuelan las aves
en torno a las hondas huellas
de aquellos años de gloria:
también la niebla.

   ¿Dónde está la ola gris
que mecía a tus soldados
imaginando la patria?
¿Dónde está el hado?

   ¡Ay de los que maldijeron!
¡Ay del buitre malicioso
que anclaba de esos muchachos
la sangre y el oro!

> *"La sangre está en las olas,*
> *el oro en sus cabellos*
> *y la muerte en sus bocas."*

Oye, suenan los timbales,
las liras de oro y acero,
suenan y lucen solemnes
igual que el tiempo.

Las tumbas pasarán dignas
transeúntes de la gloria:
dad la vergüenza al culpable
de las cien losas.

¡Oh, el indigno carnicero!
Sean ángeles armados
las huellas de tu vil crimen,
héroes amados.

¿Puedes oír esas voces?
Aquellos ahogados gritos
esconden un sufrimiento
casi divino.

*"La sangre está en las olas,
el oro en sus cabellos
y la muerte en sus bocas."*

Las ruïnas del velero,
caído rey de los mares
que encierra en sus mil entrañas
muertes fatales;

utopía de conquista
dulce a futuros difuntos,
amarga a pasados hombres
fuera del mundo.

¡Obtuvieron tan buen triunfo!
Vencieron, sí, mas perdieron
la luz de sus niños ojos
tan bien sinceros.

El casto cantor de vida
exhibe giros de gloria
a quien escucha su canto
de áureas notas:

> *"La sangre está en las olas,*
> *el oro en sus cabellos*
> *y la muerte en sus bocas."*

Oh, ninfas del mar, saltemos,
cantemos en habla antigua
sobre el llanto de la gente,
la muerte en vida.

Honremos a los caídos.
¿Caídos dónde, mi alma?
De un infierno a un paraíso
de hambrienta calma.

Vagan en la cruz de bronce
los benditos marineros,
coro de espíritu joven
y alarde ameno.

Querían vivir en cuerpo
el destino de la hoja
que aun se dora con el ámbar
caída y sola.

> *"La sangre está en las olas,*
> *el oro en sus cabellos*
> *y la muerte en sus bocas."*

¡Llorado ejército amado!
Viudas doncellas, dos flores
para cada marinero
haced que honren.

¿Por qué el cantar enmudece?
Se aproxima la señora
del capitán extinguido
que nunca llora.

Será distinguido espectro
de nuestro fatal cortejo;
las puras niñas sin mancha
lloran sin freno.

¡Muerte extraña y dolorosa!
Pasaron del agua al fuego,
esa estancia majestuosa
que merecieron.

> *"La sangre está en las olas,*
> *el oro en sus cabellos*
> *y la muerte en sus bocas."*

Ya no residen aquí:
honor de los cien honrados
que en el adorado sol
siguen vagando.

Y con piadosa piedad
bailen la gloria del coro
con dulce luz milagrosa
de ángeles de oro.

Canto de muerte en la vida
con igual fuerza reúne
la tenebrosa vïola
que suena y luce.

Madrigal obscuro y viejo
entonan arcaicas almas
pero es un cántico ardiente
de muerte vana.

> *"La sangre está en las olas,
> el oro en sus cabellos
> y la muerte en sus bocas."*

Vino de alegría roja,
por la pasión infinita,
jugo de esperanzas rotas
la sangre viva.

Trigo de la tierra amada,
sol de su patria querido,
cabellos dulces de vida,
oro divino.

Sepulcro morado y frío,
desilusión de las almas
que no creían salvarse,
muerte amarga.

En esos rostros de mármol
la sangre, el oro y la muerte:
es, mi dulce marinero,
tu triste suerte.

> *"La sangre está en las olas,
> el oro en sus cabellos
> y la muerte en sus bocas."*

LA GUERRA DE AMOR
(Vila-real, noviembre de 1999)

 Volcamos el cesto de las nueces
¡oh predilecta entre las troyanas!
y ardieron bajo las grises llamas
del árido campo de batalla.
 Terrible crujido de madera
en el cielo de sangre naranja...
mil frutos vivos bajo las ruedas
del bélico carro del tirano.

 ¿Es ésta la guerra de Amor?
¿Pues de dónde esta sensación de ámbar
que invade el corazón contrastado?
Y si de nada vive, entonces
quien de amor no se alimenta,
¡ámame y deja que muera plenamente!

¡AMARGA SOLEDAD!
(Vila-real, noviembre de 1999)

Amarga soledad, amarga,
entre la multitud de silencioso ruido,
de susurradas calumnias,
de ocultas envidias.

Soledad amarga, soledad,
rostros sin ojos, mudas sonrisas,
¡eterna depresión y abatimiento!
¡Hipocresía, que me corroes!

Ni siquiera intentes desvelarte,
deja que gire tu rueda
y tus proscritos juegos y engaños
y tus ojos sangrientos que me atrapan,
¡amarga soledad, amarga!

GANÍMEDES
(Vila-real, noviembre de 1999)

   Acércate, garzón de cabellos de oro,
si la victoria nace de tus ojos,
ojos invisibles de esperanza;

   Trae la copa rebosante de miel
a este codiciado trono,
a los ojos de tu majestad
que escucha tus tímidos pasos
ante el real terciopelo.

   ¡Dulce miel! ¿Acaso será éste
el símbolo de la victoria?
Apresúrate, oh garzón,
juventud de mi vejez dolida
y sin embargo inmortal fuego.

   Lleva mi sol de plata
la lluvia áurea de mi aspecto
a la ninfa subyugada
que hace triunfal mi olímpico aburrimiento.

Divina indiferencia
desprende el semblante
de aquellas facciones mortales
que con placer atrapo.
Batalla vencida antes de tiempo,
¡ingenuo muchacho!

A qué volar, desaparecer…
El mundo enorme, tan enorme,
mío, sin sorpresas, eterno…
¡Amoríos benditos!
¡Oh yo profano y divino!

*¡Acércate, garzón de cabellos de oro,
trae la copa rebosante de miel!*

"EL ÚLTIMO LUGAR..."
(Vila-real, diciembre de 1999)

"El último lugar habitado por las palabras..."

La yedra de este patio me persigue
agarrándose a las viejas columnas,
a arcaicos capiteles que me acechan,
a las mudas piedras que me ensordecen;

¿Podré oler aquel verde de las plantas
y aquel antiguo gris de las colinas?
¡Responded, oh insidïosas palabras
que antes herís el alma que el oído!

Ah, si gozoso pudiese morir
ante las tristes puertas que se cierran,
ante aquel musgo anclado entre las grietas,
en el lugar donde mueren las palabras.

¡TRAICIÓN!
(Vila-real, 22 de diciembre de 1999)

Con sólo tocar la divina mano,
la floreciente guirnalda a mis sienes
corona al súbdito y subyuga al fuerte,
que vence en amor quien calla
y perece quien mortalmente muere.

Salta ante mis ojos,
espléndida entre las muchachas,
la de linaje obscuro y frente de reina,
pretendida soberana y tirana.

Cabello de fuego que hiela,
dulcísima divina,
es quien me ata a la muerte,
a la que me invitas y llamas:
¡oh deseada traición!

BRISA DEL DESIERTO
(Vila-real, 29 de diciembre de 1999)

   Muero lentamente entre tus brazos
misteriosa brisa del desierto...
Tu dolorosa voz me inquieta,
tus manos me mecen en la sombra.

   Tu furia sobrehumana aguarda
el momento de lanzar el golpe;
puedo ver la esperanza y la culpa,
el perdón y la miseria.

   ¡Oh! el pausado compás de la muerte,
el negro hielo de la sospecha
se disuelve y se deshace...

   Que la fúnebre mano armada
me acaricia en vez de herirme
y que se mezclan fuego y tierra.

EL HÉROE
(Vila-real, 9 de enero de 2000)

Chispas de fuego me queman los ojos,
el terreno se derrumba a mis pies.
Mil hiedras de hielo atan mis brazos
¡y yo sigo bebiendo de tu cáliz!
    "¡Ay, desventurado! ¿Con qué te atreves
       a violar estos sagrados portales,
       bajo poderosos vientos del norte,
       surcando ríos de sangre y polvo?"
¡Una voz! ¿Que pueda pasar ingrato
entre las manos de esos mortales?
Un pie en la gloria y el otro en la tumba
¡y sigo yo bebiendo de tu cáliz!
    "¡Ay, desgraciado! ¡Si sólo supieras
       que no hay retorno y no hay esperanza
       entre los espíritus de estas tierras,
       entre estas losas frías y desoladas!"
¿Y si acaso buscara aquel descanso
del que solamente gozáis vosotros,
aquella niebla que os baña la frente,
aquel olvidar eterno e inmutable?
    El camino se hace más estrecho.
    El lago que enmarca estas negras valles
    a la vez se torna felizmente negro
    ¡y yo sigo bebiendo de tu cáliz!

AMOR A LA MUERTE
(Vila-real, febrero de 2000)

Dejadme entre las sombras
de este altar abandonado.
Las velas consumidas yacen
sobre el silencioso mármol,
inocentes cadáveres de cera.

Me sentaré en el ábside
y esperaré aquí, resignado,
buscando los ojos de mi amante:
¡mi fúnebre amante!

Pondré tiernas violetas en tus cabellos
y mi corona de espigas,
aunque sólo sea la noche de bodas,
dulce prometida mía,
aunque sea tu nombre el de la muerte.

PRIMER AMOR
(Castellón de la Plana, 6 de marzo de 2000)

Ámame ahora, amor mío, ámame,
que pueda yo dormir seguro
en tus brazos de oro y bronce
y navegar en aquellos mares
que se esconden tras tus ojos.

Ámame ahora, amor mío, ámame;
¿Cómo puede ser que no veas
cuando me disuelvo ante tu boca,
cuando ante tus amantes manos
me doblego y me hago sutil como el viento?

Ámame ahora, amor mío, ámame,
como si mi cuerpo fuera el tuyo
y me devolvieras la vida con un beso,
como si pudiera poner tus manos
sobre mi hambriento rostro...

Ámame ahora, dulce amor mío,
y si no pudiera ser, al menos calla,
y que muera sin tocar tus labios.

MANZANA DE ORO (Vila-real, 30 de mayo de 2000)

Necesito devorarte, manzana de oro,
que tan tarde te presentas ante mí...
Debo devorar tu belleza insultante,
tus ingenuos ojos, casi transparentes,
¡prohibido fruto de forma humana!
   Yo mismo el pecado, yo mismo la serpiente
que me invito sin escrúpulos
a deshacer tus rubios pétalos
y a quitar nuestras dolidas máscaras
de rostros tan cansados que no pueden ver
ni sentir los besos que imaginamos – ¡a diario!

DEMASIADO TARDE (Vila-real, 20 de julio de 2000)

   Pensaba acostumbrarme
a esta lejanía esperada, sinsabor y amarga,
al oxidarse del bronce de los recuerdos;
Y empiezo a olvidar,
en un doloroso sin querer,
los gestos de tus divinas manos
y el cabello de despeinada manzanilla,
que, fuego y cenizas,
me invitaba a tu dulce hoguera.

RICERCA

GUERRA Y AMOR (Vila-real, 2001)

I – 11 de febrero

   Otra vez me llevan al frente
las grises olas del recuerdo,
allí donde la brisa de los campos,
ya abandonados, resuena en silencio,
y grita el suelo desesperado.
   Otra vez me llevan
donde se abrazan llanto y lluvia
y perecen entre yedras
el fasto de la batalla,
las trompas y las espadas,
la ensangrentada flor del Egeo.

II – 25 de febrero

   Demos vueltas hasta caer
ebrios entre paños de rosas y seda,
bajo el peso de nuestras pasiones,
milenarias y frescas,
salvajemente cantando,
mofándonos de dioses más míseros
y mortales más pálidos.
   El sudor se mezcla
entre recuerdos de otros tiempos,
tendiendo la memoria sus garras
a aquello que no debe olvidarse.

III – 9 de marzo

¡Pretendo! Que seas las castañuelas
de mi salvaje danza,
mientras griten las piedras
y sudemos las lágrimas del pasado.
   Que seas el vestido
obscuro de mi noche, mientras saltemos
entre los puentes y lloremos
el sudor del pasado.
   Me plegaré como las ramas
entre tus manos, que aún recuerdo,
e inventaré nuevamente el sabor especiado
de tus labios helenos.

IV – 8 de julio

   Mientras vaga tu inerme cuerpo
entre las olas asesinas,
mientras sollozo desnudo
sangrando tu muerte fría,
te pretendo de entre las aguas
que te atrapan en silencio –
   Me derrumbo a la orilla
de mi desesperación amarga,
las piedras corroídas
por las lágrimas que alimento
sin cesar alguno
sobre tu marítimo sepulcro.

CRISI
(Vila-real, settembre 2001)

   Il mio sole tramonta ad Oriente
solcando le onde
come un frenetico esercito;
ed è ogni tramonto
un dolore fatto di pesanti petali,
una partenza dai lidi
ove il soldato riposò
prima della battaglia.
Il rosso dei sentieri
è quel rosso che ben conoscevo
ancor prima della vita
e della morte insensata.

   Bevo senza ritegno
i limoni che sgorgano dal suolo
quasi impazziti
e le mani insanguinate di quel frutto
affondano nella terra;
un piede ad Occidente,
l'altro ove tramonta il mio sole,
quel mio sole che solo mi consola.

IMPROVVISO
(Vila-real, ottobre 2001)

   Le labbra cercano sul tuo corpo
la rugiada della notte
ma trovano solo il sale del mare
e le dolci ferite di guerra.

   Ch'io accarezzi dolcemente
gli screzi della fiera battaglia
baciando la ruvida tua pelle
con i petali della musa Urania.

   Ove, ove ti celi!
L'onda ti brama ancora ai lidi nemici,
o me solo e disperato!
Il mio petto affamato della tua mano
grida e piange sangue.

LA FOGLIA
(Vila-real, ottobre 2001)

   La foglia
cade lentamente sulla riva
tra la sabbia smossa,
la grigia foglia dell'autunno.

   La foglia
accarezza la riva
con le sue dita sonnolenti,
la morente foglia dell'autunno

   La foglia
piange
sul pianto del viso marittimo,
la cadente foglia dell'autunno,

   e sceglie per dimora
le spiagge con le orme assenti
di chi non è tornato.

CHIESI E TACQUERO
(Vila-real, novembre 2001)

Chi mi disse che tramontasti?
Chiesi, e tacquero.
E le orme che cercavo
sull'orizzonte desolato e scuro
non apparvero.
Quanto celai il pianto ai mortali
e l'amara morte che bussava al mio petto!
Ricopersi il mio capo
con la salata acqua egea,
piombando con ira tra le onde
che nulla dicevano nel loro frastuono;
e le assenti parole di quell'istante
ferivano più di una confessione.
Cercai la morte, è vero,
ma la frenava una stolta attesa
che allor m'era sacra!
Gridavo alle pietre e m'accorsi
che l'eco domandava a sua volta
un doppio tributo e sacrificio.
Ma mi frenava una sacra attesa.
Chi mi disse che tramontasti?
Chiesi, e tacquero.

L'AIRONE
(Vila-real, 23 novembre 2001)

È quiete. Infrange
l'airone le invisibili forme del vento.
La mano sulla fronte bagnata
si muove quasi stordita,
accarezza accarezzata
dalla nebbia leggera.

La verde fronda sfiora
le dita della luce
senza mormorare, senza chiedere,
e la luce ricopre la mano.

La mano si alza
e aggredisce il buio attorno
e ancora un raggio sfugge
e si adagia e brilla
e il viso sorride...

Non lo temei,
ma ne conservo il sapore
e la vista incredibile.
Sedevo su una pietra
di fredde edere ricoperta.

LE PAROLE DEL BUIO
(Vila-real, 3 dicembre 2001)

   Io ti scrivo le parole del buio,
io ti scrivo i versi della notte,
i versi del vento e della pioggia,
quelli che si spargono come foglie
tra i fiori che ci incoronano.
   Io ti scrivo le parole inconsce
di chi langue stordito dalla luce,
le parole della nostalgia
così dolce ed amara!
   Io ti canto, mio eroe,
fino a cadere esausto,
e le tue gesta mi si ritraggono
oggi ancora, ancora in queste ore
solitarie e di speranza.

ANGELO SULLA TERRA
(Vila-real, gennaio 2002)

   Piove sul tuo capo
e ti raccogli, maestosa,
nella luce del tramonto.
   Le gocce accarezzano le gote
scivolando segretamente.
Ti raggiungo e i tuoi occhi brillano,
angelo sulla terra!

LE FORME DEL TEMPO
(Vila-real, 22 febbraio 2002)

   Ed è ancora sera
fra le forme del tempo,
è ancora buio
senza ch'io chieda aiuto
ai passanti.

   Scivolo nella luce,
ma mi ignori, ma dove sono?
La foglia, la foglia nera
punge i miei occhi,
mi ferisce seccamente.

   Ecco la sfera, il cerchio,
la nebbia, il buio (ancora lui!),
lo sbaglio del dannato.

   Sciogli la neve, maledizione,
non vedi che ti brucia
nelle tue insensibili interiora?

   Nausea!

IMPROMPTU II
(Vila-real, Spring 2002)

[...]

You come like war on a battlefield,
fierce and wounding.
You come and take me as a prisoner,
you torture my eyes with your beauty
and my ears with your windy voice,
stronger than the winds,
stronger than the waves of tempest,
you crash me onto the rocks of the ocean!

NEL BOSCO
(Vila-real, 7 agosto 2002)

    E dopo tutto
ti ritrovo ancora splendente.
Ancora circondata dai sassi,
ma con dignità inquietante –

  Mi colpisce il tuo sguardo
oscuro, fatale. È così, dunque,
che mi volevi, che mi cercavi.
E sorrido ad occhi chiusi.
L'abbraccio è duro, tosco.
È sudore o sono lacrime?

  Il colore dei tronchi ci abbraccia.
Quasi ci soffoca
lo sbocciare invernale della morte.
L'assenza mi graffiò l'anima
come un nudo ramo sulla pelle.

Ci sediamo. La nebbia è fredda, ocre
      – l'odore del fango! –
Il mio sguardo si blocca
sulla tua mano insanguinata.

Chi ti ha ferito?
      – Ho paura tra questi animali –
E dopo tutto,
ti ritrovo ancora splendente.

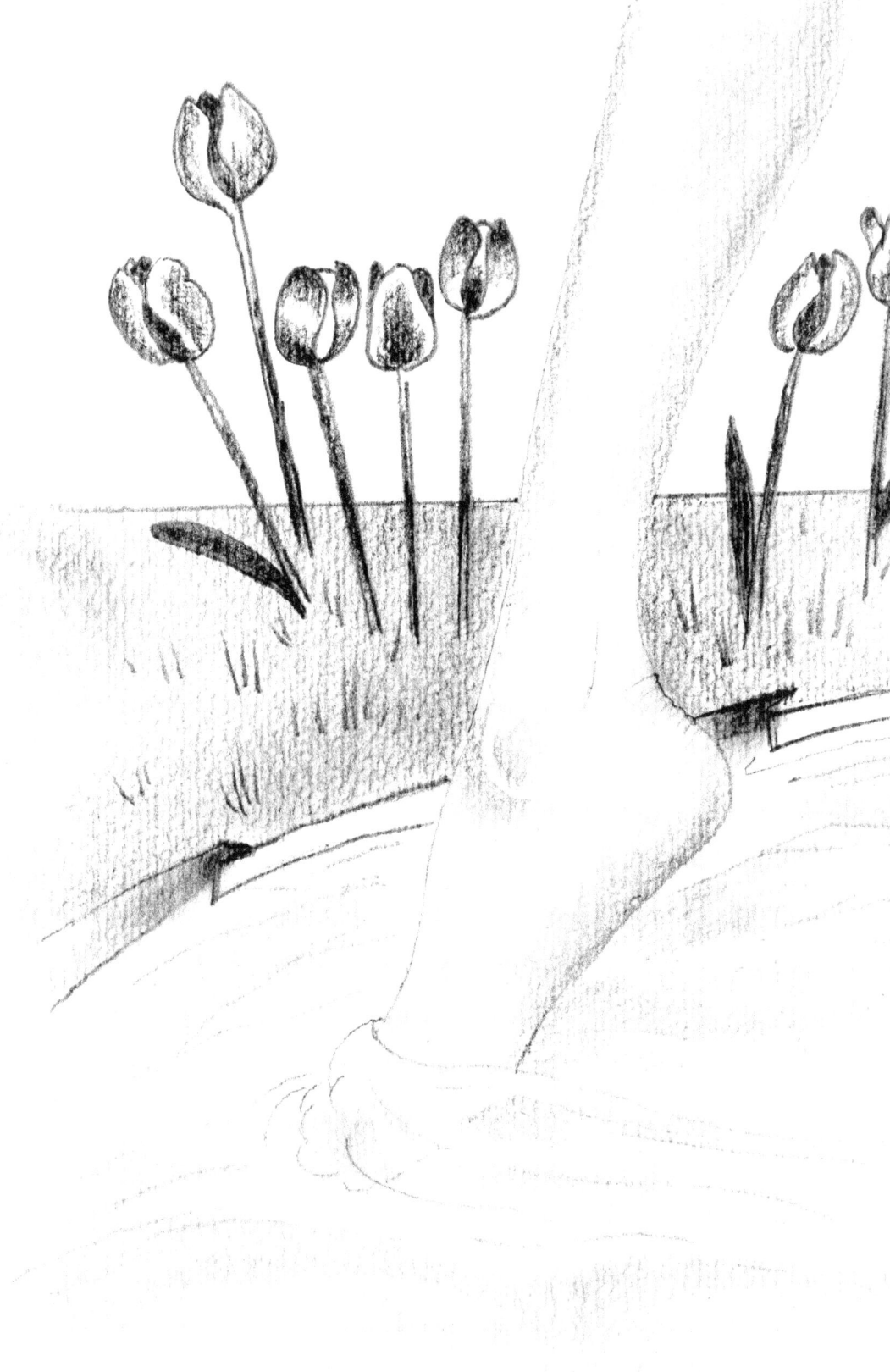

TULIPANI
(Vila-real, 26 agosto 2002)

È vero,
là ci sono i tulipani.
Come non sentirli,
nell'aria inebriante dell'autunno?
Mi siedo sulla riva
e metto un piede nell'acqua.

È vero,
là ci sono i tulipani.
Sarebbe stupido rimanere,
ma non posso dirlo.
Respiro affannosamente
quando tutto attorno vi è calma.

È vero,
ma dove sono ora i tulipani?
Non li trovo... credo però
ritornino al più presto.

E intanto rimetto
un piede nell'acqua.

I SHALL WAIT
(Vila-real, 10th August 2002)

   And so the ship leaves,
it leaves late at night.
As a spark of fugitive light
in the darkness.

   And so the ship leaves,
so conscious of its fate.
As a tear, as a last will of love
you are leaving.

I shall wait, I shall wait.

   And so the ship leaves,
the ship of our soldiers.
It is so wet inside my skin,
It is so far now!

   May the ocean be your song,
may the breeze caress your eyes,
may the rage of war be kind on you.

I shall wait, I shall wait.

CROCIFISSIONE
(Vila-real, 15 maggio 2003)

Quando finirà?
Guardo in segreto, di traverso,
aspettando che arrivino,
e mi umilio di fronte al nulla,
nauseato ma schiavo ed automa
di questa tappa quasi obbligata.

Occhi spenti e silenzio,
lo sguardo, un secondo, un lampo
e poi ci si sveglia. Nessuna parola.
Non rimane nulla e tuttavia pensavo
fosse un vuoto da riempire.

Mal di testa, male ai piedi,
meglio la crocifissione.

PROFUMO VERDE
(Castellón de la Plana, 16 maggio 2003)

È passata davanti
col suo profumo verde.

Sembrava una foglia al vento.
Per un attimo, la collina,
la montagna, i mirtilli,
il profumo verde.

Mi porta altrove,
un piccolo altrove ancora
sulle solite rotaie.

Un canto del verde
sul treno per la città;
Fronde castane che volano
dove si va solo per terra.

È passata davanti
col suo profumo verde.

LA FOTOGRAFIA
(Vila-real, 18 luglio 2003)

È tramonto sulle sponde del lago;
tutto tace, o finge di tacere.
Tutto rimane in attesa
dell'ideale fotografia che non avviene.

Il turista non scatta.
Forse non ne vale la pena.
Dopotutto è già sui libri.

La mano sull'acqua
lo brama per sé.
Non desidera altro.

È una mano dolcissima
ma severa.
L'anello di nozze è nero.
Nero sangue.

Trafitto dalle alghe
si convinse che era il momento
di scattare la foto.

Ora o mai più.

INFERNO A PARTE
(Vila-real, luglio 2003)

   Ho preso un sonnifero
perché non riesco più a dormire.
La notte mi soffoca
come il giorno,
non c'è tregua col sudore.
Scivolo lentamente in esso,
in un sonno freddo e morto.
Gli arti pesanti, tutto pesante,
la testa delude i suoi compiti
e muore come un mobile vecchio.
Ma il cuscino bolle.

   La mattina mi soffoca.
Sento gli spiragli infernali
grattare sulla finestra.
Vogliono entrare, vogliono me.
La luce maledetta mi insegue.

Tento di muovermi. Invano.
Dev'essere la stanchezza, penso.
Le mani sono incudini,
come le palpebre. Non mi muovo.
Sento il dolore, il caldo,
l'umidità del cuscino,
ma sono tecnicamente morto.
Buio, caldo. Immobile.
Un masso sul letto. È tutto lì.
Sono intrappolato nel sonno,
senza dormire né sognare.

È pure peggio della morte.
Almeno non avrei caldo.
Inferno a parte, ovvio.

SONETTO XII
(Vila-real, dicembre 2003)

  Risorgo ancor qual fulgida fenice
dalle fiamme d'un tenebroso fato,
fra mille affanni arso e poi rinato
nelle spoglie d'emerito infelice.

  E non giova cader, né morir lice
fra le spire d'un incompiuto stato,
né pur lagnarsi, né mostrarsi ingrato,
ché resta un'ombra sol l'esser felice.

  Dalle mie stanche piume sgorga un canto
ch'è morto e nato cento volte e cento,
che brama lusingar, ma è muto intanto:

  È gelo, è pioggia, è impenetrabil vento,
il perso palpitar d'un sogno infranto,
e vani son la voce e il sentimento.

SONETTO XIII
(Vila-real, 15 marzo 2004)

   S'ama una volta, ed è già abbastanza,
ché con le ceneri del primo fuoco
ammanterai però, quasi per gioco,
quel tuo viso ormai spoglio di speranza.

   Ogni fallo è cicatrice, ogni mancanza.
Non ricerco pietà, io non la invoco,
e i ricordi dell'anima in trasloco
a me fan guerra in misera alleanza.

   Ché perdere così l'avuto bene
è premio al confessare il proprio errore,
me, nunzio e preda di feroci pene!

   Tal è la debolezza del dolore,
che di sé stesso vittima diviene
chi ignaro lede il proprio e l'altrui core.

SONETTO XIV
(Vila-real, 31 marzo 2004)

  È scorso l'oro tra queste mie dita
e mi chiedono d'accettar di meno.
Le dolci glorie ch'ebbi su quel seno
rimangono oramai memoria ambita.

  È così che a quest'anima allibita
ognuno, ogni ingannevole baleno,
ogni altro vuoto amor sembra veleno,
un rogo senza entrata e senza uscita.

  Amara solitudine... amara,
com'io soleva dir senza sapere
negli anni in cui scrivevo e non sentivo

  la *chiara* luce, la speranza *chiara,*
dolce conforto ed unico piacere
nel tempo in cui di vita ormai son privo.

IL TEMPO PERSO
(Vila-real, luglio 2004)

Nel piacere del tempo perso
a rincorrere i fantasmi della carne
vi è un'ebrezza stantia,
calice denudato di ogni grazia,
il godere visto e sorpassato,
vittima audace del torrido luglio!

Mi illude una grazia
e poi mi schiaccia la miseria
del vero, di ciò temibile che si ignora.
Maggio mi ha tolto il sonno, e luglio
mi riporta sui campi del tempo perso,
un po' nolente e un po' volente.

C'è chi cerca di cancellarti
offrendo ragionevoli dissertazioni...
Forse hanno ragione, e tuttavia
scuoto la testa e credo ancora che tu esista.

RIBELLIONE!
(Vila-real, agosto 2004)

   Se è il sangue ciò che soffia
sulle fiamme della tua ira,
allora apri una ferita e lascia
che ti abbandoni ciò di cui non hai bisogno.

   Per essere di nuovo felici
non abbiamo bisogno di vecchi mantici
che soffiano sulle ceneri della schiavitù.

   Frenetica ribellione!

DOLCE AMORE!
(Vila-real, agosto 2004)

   La miseria fu solo un'arsa fenice,
cenere rosea delle mie speranze!

   Riabbraccio l'affetto dolce e quieto
dell'amore puro e un po' bambino,
col timore di ciò che ha da venire –

   conscio di voler essere felice,
per una volta almeno!

SONETO XV
(Vila-real, 3 de septiembre de 2004)

Has vuelto a mí volando por los mares
con la paz en los ojos y en la frente,
de laurel coronado por la gente
y ensalzado por todos mis cantares.

Mas antes de que, armado, bien te alzares
contra mis enemigos tan valiente,
y antes de que leyere yo en tu mente
el antiguo remedio a mis pesares,

yo ya cubrí con pétalos y rosas
este camino que lleva a tu hogar
a través de mil guerras borrascosas:

no me importó ni luchar ni llorar
en tu recuerdo, por aquellas cosas
que nutren mi cansado caminar.

SONETTO XVI
(Castellón de la Plana, marzo 2005)

   A poco a poco spenti nella mente
i tetri spettri della giovinezza,
socchiudo gli occhi dentro a una carezza
nel quieto scoppiettar d'un fuoco ardente.

   Lontano ormai da un tempo quasi assente,
la penna a' mesti versi è poco avvezza,
d'amor conquisa, più che d'amarezza,
fra i moti del gioir ancor silente.

   Non lungi dal Parnaso o dall'Eliso
m'acceca il divenire del mio fato,
di dolorose stille un poco intriso,

   ma è ver che nella pace del mio stato
la penna s'ammutisce per quel viso
che rende l'alma e il cuore in un beato.

IN EMILIA
(Sant'Antonino di Casalgrande, novembre 2005)

  Sull'umido tuo colle,
verde Emilia, le trappole minute,
col tetro fil d'Aracne già intessute,
ved'io come folle
d'eserciti silenti eppure all'erta,
deserto schivo d'una morte certa.

  E questi molli prati
dove allor crebbi, del mio fato ignaro,
dal freddo inciso, di speranze avaro,
a un tempo verdi e ambrati,
mi cullano coi fremiti del vento,
distratto dalle spire dell'argento.

SONETTO XVII
(Castellón de la Plana, dicembre 2005)

   Madre lontana, persa nei tuoi pianti,
com'è che coll'orgoglio dell'argento
s'invola il chiaro crine tuo nel vento
e scalza corri e gridi sogni infranti?

   E come fosti sorda ai lievi canti
dell'alma nel segreto suo tormento,
e gli occhi tuoi copristi col cemento
del cieco e ignaro nido dei rimpianti?

   Volle cader il figlio tuo dal nido
d'aurate e dolci utopie intesso,
varcar con l'ali sue il vento infido,

   provare di sua man sorte e successo,
com'aquila che va di lido in lido,
fra i liberi d'oprar in fine ammesso.

SONETTO XVIII
(Valencia, 30 maggio 2006)

È ver ch'ei m'ama, ed è pur ver ch'io l'amo
e ognor dovria tenerlo in cor presente,
colui, ch'ha pura l'anima e la mente,
sincero adorator del mio richiamo.

Ma il pensier mio, che va di ramo in ramo,
distratto dal timor d'un fato ardente,
talvolta udir non può l'amor possente
che veggo in quei due rai ch'adoro e bramo.

Desio del facile – in ogni cosa!
Ne' libri, nella lira e negli affetti,
del futuro nell'ansia tempestosa –

ch'ancor trovar non posso che m'alletti
dalla cura che porto in capo ascosa,
immemore de' tanti miei diletti.

PARTENZA

SONETTO XIX
(Basilea, 18 novembre 2007)

   Elvezia antica, vestita d'argento
pel Reno altier che graffia le tue sponde
e il quieto Basilisco che s'asconde
nel silenzio del muto suo lamento;

   Le genti tue già spargono nel vento
un favellar che l'anima confonde
e indugia il labbro mio quando risponde
ancor prima di proferir l'accento.

   Fato! star lungi dal bene ch'adoro,
in sen del gelo ad intonare il canto
per farne in avvenir ricco tesoro;

   ché in questa lontananza d'adamanto
udir tua voce è il solo ben ch'imploro
per farne orgoglio, premio e dolce vanto.

PAURA DI SENTIRE
(Basilea, aprile 2008)

   O timore de' sospirati accenti,
degli affanni che a me veder non lice,
de' secreti nell'anima presenti!
All'avvenir sii pronto, il cor mi dice.

   Le larve del passato ancor possenti,
l'oscuro amplesso d'un'alma infelice –
Ah! Che nel fior degli anni miei è amaro
sentir negli occhi il bene e il male avaro!

   Di sole un raggio in mezzo alla penombra,
l'intenso verdeggiar d'un solo fiore,
la voce dello spirito dell'ombra,
la vista d'uno sfortunato amore –

   Ohimè, ché, tutto il cuore mio m'ingombra,
per tutto l'alma nuota nel furore!
L'occhio s'offusca, e vedo tuttavia –
io vedo e piango sol la vita mia!

SONETTO XX
(Basilea, 14 maggio 2008)

   O *Schola*, ch'affacciata sul gran Reno
sul lustro quindicesimo ti vanti
delle tue note d'or e de' tuoi canti,
del *Basilisco* placido nel seno!

   Deh! tempra ancor, n'accorda in tono ameno
il cembalo regal, i flauti amanti,
del casto liuto i silenziosi incanti,
la viola antica e l'organo sereno!

   E se *Cantorum* fosti pur nomata,
Deh! non lasciar che perdasi e si mora
la voce dagl'antichi modulata;

   Rimembralo – ma pensa che in quest'ora
da te si vuol che, Musa inalterata,
tu siegua ad inspirare il mondo ancora!

STANCHEZZA
(Basilea, 24 ottobre 2008)

Oh, la stanchezza,
ferro sulle abbattute spalle
come ali povere, ferite!
E si contrae
e si strugge questa stanchezza,
ragno dal movimento astuto...
Ah! s'io potessi,
passero librato nel freddo,
essere ignoto viaggiatore!
Sciogliti, sciogliti,
piccola croce mia –
che ho tanto da fare ancora!

STANCHEZZA II
(Basilea, 19 novembre 2008)

   L'irrequietezza di questi venti
la pioggia che mi irrita
senza sosta, senza pausa
con le braccia vuote e pure stanche –

   Salvami allora
da questo non poter dire
io sto bene per intero!

DOLORE
(Basilea, 22 gennaio 2009)

   Mare, mare, avvolgimi
in questa notte di morte,
in questa melma di miseria!

   O notte sola e desolata!
Io grido nel sangue,
io salto senza gambe,
senza piedi calpesto le lame,
senz'occhi mi acceco di stolti lumi,
senza lingua gusto il veleno.

   Vuota quiete, vuoto silenzio
e pieno frastuono, pieno colore
quando nell'onda mi perdo,
tra un deserto d'anime cieche
e un labirinto di finti sospiri.

   Peso sul petto, fango
che mi soffochi, terra
sporca di morte!
Tu non fai parte di me
e tuttavia mi abbracci!
   Il tuo viso grida senza suono,
senza aprire la bocca,
non senti il grido dell'angoscia,

non vedi il dolore nelle vene
spaccate da loro stesse
come un abbraccio di duro amore,
d'odio morboso che ti stringe,
troppo egoista per farti respirare,
troppo preso per lasciarti andare via...

  E allora corre il velo
nero di stelle sul vento
e il vento si piega e lo coglie –
Dov'è il tuo velo,
piccola anima?

  Nella nebbia delle ombre
io non trovo una pietra
che mi ancori all'oggi,
e l'oggi è pur qui,
e così poco t'attrae!

IL FORTE RENO VERSO NORD
(Basilea, 4 aprile 2009)

   Quest'anno è tarda la primavera!
Il timido cielo, grigio
per pigrizia d'intenerirsi,
non sorride al viaggiatore.
   È serio, è duro.

   Il viaggiatore affaccia
lo sguardo sul forte Reno
che corre ligio, disattento,
   e vi rivede la sua vita
che scorre verso nord,
agitata e irreversibile...

   Viaggiatore, prendi il tuo tempo:
forse non ti porta la corrente
ove tu già sei diretto?

SOLITARIO VIAGGIATORE
(Basilea, 4 aprile 2009)

  Il solitario viaggiatore
si compiace della sua bellezza
semplice e sentita;
silenzioso rimane
ad inseguire il volto della pioggia
e sorride ai passanti
forestieri sconosciuti.
        Il solitario viaggiatore
        sente che le vie si diramano
        e che si fanno fitte ed irte –

  Quant'è affabile
il giovane viaggiatore
nella sua tradotta umanità!
E sa che sarà incompreso
il fiore della sua cortesia,
che il mondo si farà gioco
del suo sorridere innocente.
        Eppur sa, in cuor suo,
        che da qualche parte sarà benvoluto.

BARBA DI GRANO
(Basilea, 2 maggio 2009)

  Barba di grano,
dolcezza rude, di bionde spine,
tu mi chiedi "che pensi, che pensi?"
  e mi pungi l'anima.

  Se è dolce la mano,
lo sguardo è duro e forte
e il viaggiatore si perde
tra i tuoi discorsi,
tra le dure parole del tuo parlare.

  Con gli occhi
della morte cullata
tu afferri ciò che è indifeso.

  Il viaggiatore si perde
nelle forti mani dell'uomo solo,
nella barba di grano.

PER UN SORRISO
(Basilea, 2 maggio 2009)

   Viaggiatore, cos'hai fatto!
Tu hai dato te stesso
a ben poco prezzo,
per un sorriso, un volersi bene.

   E poi è poco
per i forestieri assetati:
sarai sempre poco, per questa
spietata cecità.

   E chiudere i petali
per non farsi cogliere,
o per non soffrire in vita
la morte della franchezza...

   Il viaggiatore, amaro,
non trova pace.

TI CHIUDONO LA BOCCA
(Basilea, 3 maggio 2009)

Ti chiudono la bocca da inesperto,
piccolo viaggiatore,
anche se gridi la giusta strada
o severo spingi
chi rallenta i passi.

Ti tocca in sorte
portare sulla fronte franca
il segno dell'innocente.

Ti tocca in sorte
pagare il passaggio
dei piccoli inumani,
dei falsi sorrisi,
ché la tua innocenza è superbia
e la loro ignoranza è vittima.

Ti chiudono la bocca,
piccolo viaggiatore!

SONETTO XXI
(Basilea, 3 maggio 2009)

   Quando disse l'amor sulla tua bocca
le parole del tenero avvenire,
fermossi il tempo solo per sentire
chi fosse mai colui che'l cor mi tocca,

   E prese a costruir sì forte rocca
che il cuore mio vi volle a piè salire,
e in cima ebbe rossore di ridire
chi fosse mai colui che il dardo scocca.

   Or freddo sente fuor de le sue mura –
cotal che sol fra d'esse andar vorria
con fermo piè e con l'alma più sicura;

   ma lunga ed irta appare poi la via,
che mena il viaggiator a sua ventura,
senza veder se in buona sorte o in ria.

LA STRADA PER NON SCENDERE
(Basilea, maggio 2009)

   Tu trionfi con grazia,
viaggiatore affaticato -
ogni tuo impegno è saldo
ed ogni rocca è aperta.

   "Scendi, scendi
al mondo austero dei mediocri
o tu che slanciarti osi!"
ti dicono, viaggiatore.

   Ma loro non sanno
che la strada per non scendere
è poco facile.

   Fa del tuo mondo
un teatro del trionfo,
viaggiatore della parola!

BRUCI DENTRO
(Kiel, 1° settembre 2009)

   Ti spostano, ti fanno saltare,
corri, rincorri e ti affanni
e la voce è calpestata,
il gesto è smorto, abbattuto,
piccolo viaggiatore!

      Tu bruci dentro, intanto,
     fremi e ti calpesti
     e vorresti solo ritornare –

     Rendi ogni tua giornata
    un ricordo d'amore per qualcuno.
    Resisti, piccolo viaggiatore!

CHI COMPRENDERÀ IL TUO VALORE?
(Kiel, 1° settembre 2009)

Chi comprenderà il tuo valore,
piccolo viaggiatore?

Le occulte bellezze del cuore
sono ombre vane oggi,
ma vi è ancora chi sente
la tua calorosa luce.

Prendi per mano coloro
che hanno gli occhi puliti,
che non temono il tuo abbraccio!

Sorridi, sorridi,
piccolo viaggiatore!

CANZONE DELLA NEBBIA
(Basilea, autunno 2009)

   Nebbia, che l'anima attendi
al varco della mia vita,
cerco gl'occhi tuoi lontani,
cerco la tua fredda bocca –

   L'ombra dei rami spezzati
e il perduto tuo sorriso...
Dove sei, amore antico,
quando piove sul mio viso?

   Ritorna, ritorna presto
ché mi perdo in questa nebbia.

RUMORE
(Castellón de la Plana, 13 febbraio 2010)

   Vorrei solo che il rumore morisse
e che tutto affondasse nel silenzio
perché affondo nel deserto volgare
perché nel chiasso muore il mio sorriso.

MISERIA DEL MONDO
(Basilea, marzo 2010)

Le pecore dell'infranta bellezza,
le luci secche e spente del volgare,
la mal portata stanchezza dei giorni,
i pugni chiusi, le pulsioni avare,

la grettezza d'un saluto negato,
le voci del mattino fredde e amare,
il pianto non voluto e mai sgorgato,
il cemento che non deve volare,

Il passaggio sordo della miseria
tra le rughe della pigra demenza,
la rabbia contrita, le labbra nere,
la guerra della disgraziata assenza.

RIMANERE SOLI
(Basilea, 14 marzo 2010)

Quando rimani solo, piccolo viaggiatore,
ti consuma l'angoscia, ti tremano le gambe
perché nessuno ti regge sul vento,
né ti porta fra le braccia –
      Non hai appreso ancora
      ad abbracciar te stesso?

PREGHIERA
(Basilea, 2 aprile 2010)

   Salvami, Dio,
ché il mio cuore è cannibale
e sta divorando sé stesso;
e gode di sue lancinanti grida
e si duole del suo stesso piacere.
       Dio, Dio! Se puoi perdonare l'amore,
       perdona il mio martire,
       perdona la dolorosa dolcezza.
       L'anima è gonfia d'ansia,
       il piede trema incerto.
       Dio! Dove mi porti?

PULITO
(Basilea, 6 ottobre 2010)

   Tu l'ignaro fiore dell'autunno,
la luce pulita in trasparenza,
Il fanciullo ignaro del suo sorriso –
Tu tranquillo fiume!

SETTE SONETTI DI FRANCOFORTE

SONETTO XXII
(Francoforte, 28 novembre 2011)

   Non sento i piedi – Ho freddo, soldato.
Li ho visti volar via nel fumo nero
e son venuti ieri, non è vero?
Di questo non avemmo mai parlato.

   Ho perso la camicia, ho perso il fiato,
non ti sento, non vedo più il sentiero
e tu taci, e mi guardi per intero:
non ho capito mai se m'hai amato.

   Non darmi pane, dammi la tua mano,
soldato – ho freddo, più non sento il viso –
grida fuoco, facciamola finita;

   Ecco la morte, mi carezza piano.
Ma mi hai amato? Fammi un tuo sorriso.
Sono stanco. Ti offro la mia vita.

SONETTO XXIII
(Francoforte, 29 novembre 2011)

   Portami al fiume, come mi hai promesso;
noi, due ragazzi, come fosse un gioco
per toccar l'acqua con gli occhi, ed il fuoco
delle paure stanche, averti appresso;

   Sì, t'ho cercato, ed io ti cerco adesso.
Io ti ho seguito piano, io ti invoco.
Tu scherzi – ma morire val ben poco.
Tremo. Mi sfiori. Sono in tuo possesso.

   Che cosa ho avuto, oltre alle tue braccia?
Soffiare in luglio sopra il tuo sudore,
ed ora piano, scivolare affranto

   gridando le tue mani sulla faccia:
eri tu il fiume, eri tu l'amore!
Torna, soldato, scivolami accanto!

SONETTO XXIV
(Francoforte, 29 novembre 2011)

Piccolo viaggiatore – mi dicevi!
Mi avevi in pugno, con lo sguardo amaro
sul corpo prigioniero, di te avaro
mendicando le tue violenze lievi –

Ci amavamo stanchi e tu ridevi
dio di bellezza maledetto e caro,
mago d'aspra dolcezza; tardi imparo,
tardi intendo le tue carezze brevi!

A te d'innanzi, inginocchiato e schiavo
avvinto per la sete a abbeverarmi
delle smorfie, dei gemiti che amavo,

severo, immenso, tu non senti i carmi,
l'urla e le suppliche con cui speravo
di averti, udirti, e poi d'abbandonarmi.

SONETTO XXV
(Francoforte, 30 novembre 2011)

   Fuggiamo! Tutto crolla, via, fuggiamo!
I miei libri, la casa, tutto, tutto –
l'urlo strozzato in gola del distrutto –
su noi il ronzio folle! Presto, andiamo!

   Sorella mia, non senti che ti chiamo?
Dove trovarti? Qui si piange il lutto
nella cupa città, si morde il frutto
d'atra miseria, di dolore gramo.

   I mattoni, le mura, occhi di sangue
di ocre battuto, di rubino spento –
Ecco volano sulle nostre teste!

   Non senti tu che la speranza langue?
Sorella, dove sei? M'inganna il vento –
Cado, ti sento, vedo la tua veste.

SONETTO XXVI
(Francoforte, 1° dicembre 2011)

   Ricordo la tua musica, ed il canto
per non sentire che arrivava il vento,
e s'ingannava l'ansia a tempo lento,
a quattro mani con la morte accanto;

   Avevo una corona e pure un manto
e giocavamo a cambiarci l'accento.
Dicevi: "Canta forte, ché non sento",
ma si cantava per coprire il pianto.

   Ti hanno portata via senza cantare –
gettati a terra come gli animali,
e il violino, sui resti da bruciare,

   le nostre vite ed i nostri ideali,
le nostre gioventù rotte ed amare,
le note, i giochi, i nostri amati viali.

SONETTO XXVII
(Francoforte, 2 dicembre 2011)

  Seguii nel bosco un fauno misterioso
ai lunghi suoi capelli ben legato,
stretto nelle sue braccia, allucinato
mi diedi al desiderio suo affannoso.

  Mi prese in un respiro suo nervoso –
alle sue spalle di roccia ancorato
mi sono perso, e pure mi ha stregato
il suo sorriso giovane, ingannoso.

  Furbo sorrise volendo ingannarmi,
Poi mi fuggì con un guizzo negl'occhi
senz'altro dire, senza lusingarmi.

  Le sue carezze, quei secchi rintocchi
come elettrico spasmo del desire!
Ho solo il nome tuo su cui soffrire.

SONETTO XXVIII
(Francoforte, 29 dicembre 2011)

   Non ti dico "va via!", ti dico "vieni!" –
Calpesta in fretta la neve, la morte!
Vieni presto, violenta queste porte,
scendi freddo su me coi tuoi veleni!

   Non hanno latte questi duri seni,
la secca voce mia non è più forte,
le braccia ho stanche e pure le unghie corte:
ho graffiato la vita ad occhi pieni.

   Ma tu non verrai mai a sollevarmi,
o mio soldato, dall'aspra prigione
che strozza piano, puntandomi l'armi –

   Tu, mio signore, mi hai dato ragione.
Tu mi hai spezzato gli occhi senza amarmi.
Tu sei la fine, sì: tu sei l'agone.

SONETTO XXIX
(Basilea, 3 aprile 2012)

   La luna è falce, e sotto ad essa brilla
un astro amico, un antico lume
che trafigge le onde del gran fiume,
l'argento che scandisce, la scintilla –

   Come stendardo de' Mori sfavilla,
corvo amaro che morde le sue piume.
La luna annuncia l'aprile e lo assume
come un calice acceso che distilla –

   La primavera acerba del mio estro
per divenire adulta brucia ardente
i giovani colori con gli andati,

   e i resti loro, ed i quadri spezzati
dell'avvenire incerto ed attraente,
l'apprendista, l'artista ed il maestro.

CADUTA LIBERA

SONET XXX
(Niça, 10 de maig de 2012)

   Algú em va veure caure al costat teu.
Caient, digueren que els ulls em mancaren,
que vaig callar abans que se n'anaren
humits i foscos, trepitjant ma veu.

   I quan caiguí no em va saber pas greu –
premí les teues mans perquè s'alçaren
del coll, de l'ànima – i m'ofegaren,
em cobriren de plor, d'espessa neu.

   Ai, el somriure teu d'escarceller
tan dolç, tan desvetllat, tan verinós!
Ai, m'he perdut i no ho voldràs saber!

   I qui em dirà que no tasti el teu cos?
Qui vindrà a dir-me allò que he de voler?
Vaig caure i no va ser tan dolorós.

SONETTO XXXI
(Basilea, 21 giugno 2012)

   Ecco il vento, che fa un rumore anziano
tinto del nostro sangue stanco e vero
ed egli è fuggitivo ed è straniero,
egli ha la morte nella bianca mano.

   Tu sei quel vento, sei quel grido vano,
l'orrore mio, di quest'ermo guerriero –
Quanto tardi a rapirmi dal sentiero?
Ch'io ricerchi la morte pare strano?

   Portami via, portami via, ti chiedo:
da qui, dal mio silenzio, dall'assenza.
Ho perso il tempo. Il tempo ora ti cedo!

   Di questo viver persa ho la pazienza.
Ecco il vento – ed ecco mi sollevo
ed è vita la morte che chiedevo.

LIED FÜR DAS KIND – I
(Stuttgart, 30. September 2012)

   Ach, Kind, wär' ich noch gesund
Und wär' ich noch groß und schnell,
Wie ich's einmal war! Doch nun
Ist mir das Lachen vergangen!

   Ach, Kind, wär' ich jetzt noch stark!
Dann würdest du mit meinen Beinen laufen,
Mit meinen Armen das Leben anfassen –
Doch bin ich dem Ende nah!

   Komm denn, mein Kind, komm zu mir!
Dass ich dich umarmen könnte!
Du bist mein ewiges Blut,
Du bist mein einziger Mut.

LIED FÜR DAS KIND – II
(Stuttgart, 3. Oktober 2012)

   Ich finde mein Kind in dem Nebel nicht!
Es ist verschwunden, alles ist verschwunden:
Wie verblute ich nicht an meinen Wunden?
Ich schaue noch ~ doch bist du nicht in Sicht.

   Da knirscht meine Seele lauter, und wieder
mach' ich mir um dich allerschlimmste Sorgen;
Ach, Kind! Sag mir nur, wo du bist, und morgen
hör' ich dich noch einmal und deine Lieder!

SONETTO XXXII
(Valencia, 25 ottobre 2012)

  Mordi la carne cruda, tu l'azzanni,
tu mi scolpisci, tu mi spremi il fiato,
colpisci col sorriso del passato,
tu mi bruci le mani, tu m'affanni –

  Mi scoppi in faccia, ansia dei miei anni!
Tu mi sfregi e stordisci e poi rinato
mi pesti e godi d'avermi svenato.
I tuoi veleni sono i miei tiranni!

  Ma piovo in chiodi, mi aggrappo alle spine
dell'oggi angusto, dell'oggi perverso,
del domani che soffoca sommerso,

  del domani già vecchio, della fine –
Tu mi scarni, dissangui il mio sorriso,
mi fissi amara e non ti vedo in viso!

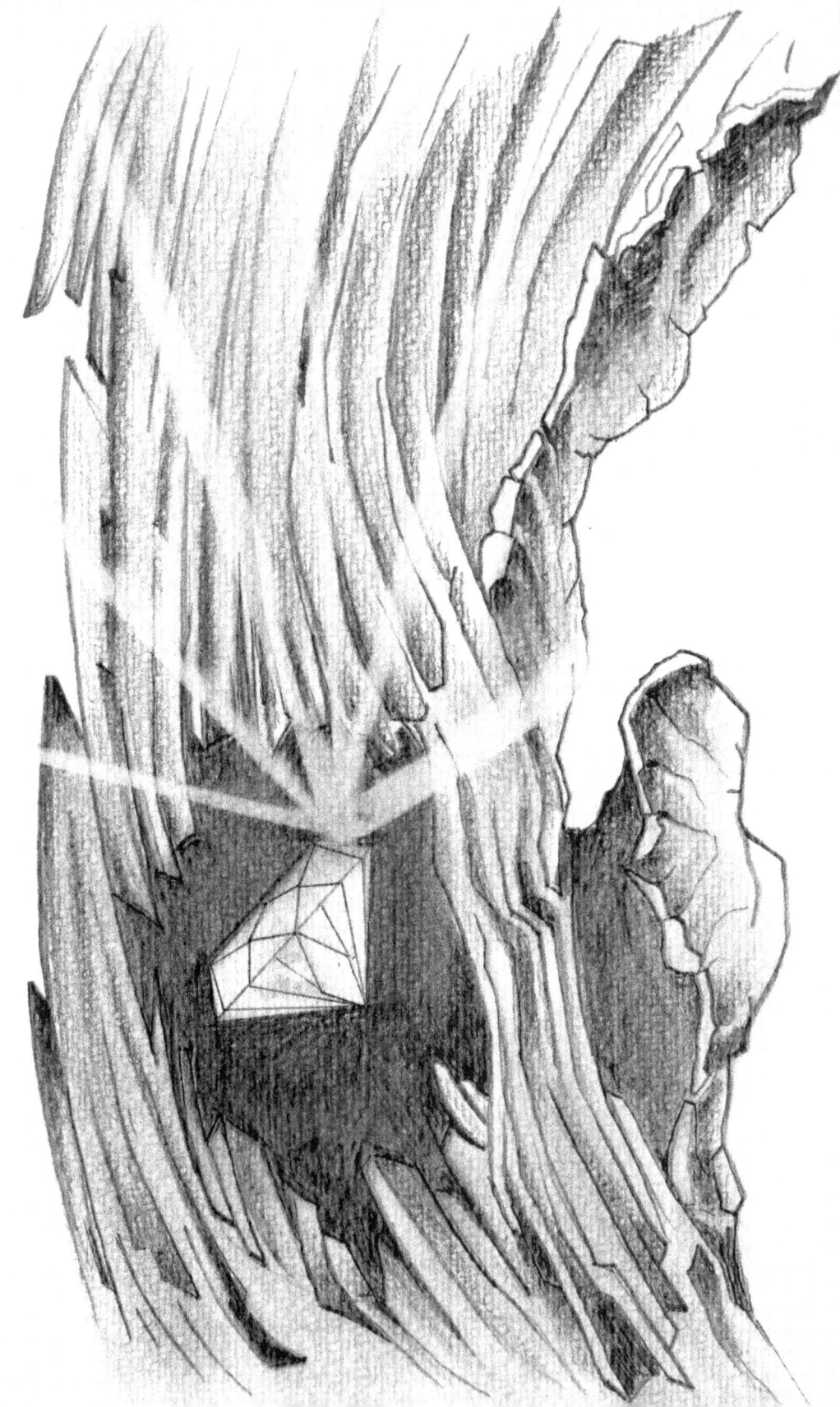

SONETTO XXXIII
(Castellón de la Plana, 18 gennaio 2013)

Io la paura di vivere, stolta,
due croci tra le spalle e sulla schiena
come un porto di ferro ed una scena
di attori dalla lingua troppo sciolta –

e muori e poi rinasci, ed ogni volta
nudo, ti vedono la pelle appena,
muto, con la tua voce ancora piena:
nessuno capirà la tua rivolta.

Nessuno che a metà ti spacchi il legno,
e pure, mi dirai, senza guardare
cosa ne nascerà senza ritegno:

Povero, l'ascia ancora da affilare,
tu, perso, nell'angustia della selva
sei lo zaffiro, la ferita belva.

SONETTO XXXIV
(Castellón de la Plana, 21 gennaio 2013)

  Essi son tristi, essi son sommersi,
piangono senza suono, piangon muti,
poi frenano, sospesi, trattenuti
essi non cantano né fanno versi –

  Essi son chiusi in casa, son diversi,
sono soli, nessuno che li aiuti
sorrisi stanchi, sorrisi perduti,
forse abbattuti – essi son dispersi.

  Occhio, cautela, fa' molta attenzione:
erri se parli, ma se taci sbagli;
ecco il mutismo ed ecco la finzione,

  e poi ritrovi i perduti bagagli
così duri da romperti le ossa –
dentro la vita tua come una scossa.

SONETTO XXXV
(Castellón de la Plana, 21 gennaio 2013)

   Lancinante il coltello delle dita
sul collo che ha baciato la Medusa,
la sua coltre di serpi folta e chiusa
del tempo ansioso, senza vera uscita –

   ed il dolore a cui la pietra invita
è così freddo – è una lama illusa
che mi sfiora la carne, che l'annusa;
non guarda mentre graffia la mia vita.

   Perdimi in questo vortice, nel flutto
dei mille volti ancora sconosciuti,
nell'onda tua fatale, nel distrutto

   e aspetta a casa gli anni miei, vissuti
non amandomi, ma pur col viso aperto:
ancora aspettami – puoi starne certo!

SONETTO XXXVI
(Castellón de la Plana, 28 gennaio 2013)

   Povero chi ti guarda, mio soldato –
mi chiameranno sporco traditore
e sputeranno gonfi di pallore
amari e stanchi su me disgraziato.

   E povero chi ti ama spensierato!
Ché tu eri l'ombra mia, il mio signore,
le mie viscere e il nero mio sudore
sulla mia bocca morta in tosco agguato.

   Già prima che tu m'abbia sono immondo,
son sporco dopo che tu m'abbia avuto,
marchiato a gelo, perso nell'attesa –

   Soldato mio, rimani, aiuto, aiuto!
L'amore, l'odio tuo quanto mi pesa!
Son tuo, tu m'hai dannato nel profondo.

SONETTO XXXVII
(Castellón de la Plana, 11 febbraio 2013)

  Piccolo viaggiatore, dunque trenta
saranno gli anni tuoi – e cosa provi,
che balli al sole e nuoti tra li rovi,
che cerchi il nuovo e il nuovo ti spaventa!

  E il dolore che tutto ti rammenta
tu gettalo pur giù dai ponti nuovi;
ma sei lontano, ma dove ti trovi?
Attento a chi ti perde, a chi t'inventa.

  Sei preso a freddo, tu, sei preso ovunque,
raccogli i cocci buoni ed i cattivi –
Viaggiatore! ti sbracci per chiunque!

Se non per chi ti ama, perché vivi?
Non mi perdere, non lasciarmi solo:
seguimi nella gioia e poi nel duolo.

SONETTO XXXVIII
(Basilea, 3 marzo 2013)

   Sei tu che chiami: *io* ti riconosco.
La tua voce l'ho udita mille volte
negli spasmi e le risa mia sepolte –
mentre sordo affogavi in mezzo al tosco.

   Sei volato via cieco, il volto fosco
di cento tue miserie, irrisolte;
ed io, tuo germe, canto grida sciolte,
diresti, *come il passero dal bosco…*

   Va' in pace, dico piano, va', riposa
senza rimorso e senza freddo – ridi,
tienimi sottobraccio ancora un poco,

   scrivimi un tuo sorriso in ogni cosa
e attento, per destino, a chi mi affidi!
Va' alla luce: non arderai nel fuoco.

SONETTO XXXIX
(Basilea, 28 agosto 2013)

   Vieni, coltivami le stanche ossa
senz'acqua, senza terra, senza niente
ma col sorriso perso e consenziente
dei giorni nostri, la gioventù scossa –

   E quando fiorirò nella mia fossa,
vieni al più presto: mi vedrai impaziente
con la gola che piange in te, silente,
col cuore zitto nella sua sommossa –

   Vedi se piango, e quanto sono stanco,
quanto mi punge e mi sconforta tutto
lottando contro questa età scortese –

   Se non mi trovi, salvami al tuo fianco:
vedi, sono sfinito, sono asciutto.
Vieni presto, le luci sono accese!

SONETTO XL
(Düsseldorf, 23 ottobre 2013)

  E questa voce sorda: "I miei bambini!"
mi grida al buio con il loro sguardo
che mi ricerca in un ricordo tardo –
muti nei loro singhiozzi piccini

  nel labirinto di pietra, tra i pini
dal vento acre – dal vento testardo
e la luna col ghigno suo beffardo
che mi vomita: "Guarda! Son vicini!"

  "Per andar via è stato massacrato"
si spegne l'eco, e la sua voce morta
tradita e ingenua, si denuda affranta;

  Ma taci pure, non perdere il fiato
ora che sputano sulla tua porta,
ora che ti han spezzato: taci e canta.

SONETTO XLI
(Castellón de la Plana, 20 febbraio 2014)

   Torvo pregando tra i roghi già spenti
con le mani arricchite dei lor pianti
strappati in fretta, curvo sui miei santi
coperti d'oro ed in cenere assenti –

   Tu che attendi il ritorno dei perdenti
ed in ginocchio sulla riva canti
con gli occhi persi e stanchi, fissi avanti
col mare ladro e meschino fra i denti –

   Tu gridata nell'eco dai bambini
coll'urlo triste della bocca muta,
cogl'occhi ciechi del grembo strappato

   Voi tutti assenti e tutti ancor vicini
mi offrite la coscienza ben tessuta
del vissuto, di ciò che è sempre stato.

SONETTO XLII
(Castellón de la Plana, 4 marzo 2014)

   Mostro nuovo senz'occhi e senza volto,
fiero del disgraziato tuo veleno:
canti sulle stampelle dell'osceno,
del volgare, del cuore già sepolto –

   Vendi il sorriso tuo falso e disciolto
nel piombo dell'orgoglio tuo ripieno,
col cuore piccolo, amaro nel seno,
nell'omertà, nel maleficio avvolto!

   Eppure hai occhi di triste cobalto,
melodrammatico e pur dilettante
colla tua mano fissa, sporca e morta;

   ma certo tu sei il principe dall'alto
colmo della tua cassa ben sonante,
di questa tua coscienza poco accorta.

SONETO XLIII
(Madrid, 13 de julio de 2014)

Me has muerto lentamente, me has amado
temprano, amargo. Tú sí me has curtido
con la piel de mi paño, un descosido
amplio, irrecuperable, desconfiado;

y cuando menos lo tenía pensado
me has enfermado, desabastecido
de todo aquello que no había perdido
en la angustia del tiempo despreciado –

Callado, atado a esta cruz solicitas,
mezclando nuestra sangre desde el agua,
ciervo amado, mi vida, ¡tú me habitas!

Tu llama sorda me acuna, me fragua.
Tú ya me has muerto, amado, me has deshecho
echándome la tierra sobre el pecho.

SONETTO XLIV
(Sapporo, 23 agosto 2014)

   Quand'ero a braccia aperte, a tradimento
m'hai trapassato muto col sorriso
del boia occulto, senz'alcun avviso,
o l'atteso piacere, o lo spavento!

   Tu, miele e tossico, leggero vento
che mi sconvolgi perfetto e preciso,
cancro privato – ecco m'hai ucciso
su nera sabbia, sull'acqua d'argento.

   Col nero fumo m'hai bruciato i bronchi,
m'hai spezzato una lancia sulla schiena
e gli animali m'han cavato gli occhi –

   poi son risorto legato a due tronchi
e tu gridavi con la borsa piena:
"Ricominci da capo se mi tocchi!"

SONETTO XLV
(Karlsruhe, 19 gennaio 2015)

  Fior fiore del nemico, tu, soldato,
cosa cerchi ben sveglio in questa notte
sul mio sudore, sulle occhiaie rotte
dalla paura, dall'amore usato?

  Cosa torturi col tuo strano fiato,
colle tue mani su di me condotte?
Tu cerchi me, tra le piaghe corrotte
della mia gente persa sul selciato:

  tu m'hai smarrito e ancora non m'hai perso,
carnefice dagl'occhi di zaffiro,
barba d'oro, miracolo del male –

  mi getto a terra, senza fare un verso
senza un singulto, senza un tuo respiro
io taccio, purché tu mi sia fatale.

SONETT XLVI
(Karlsruhe, 6. Februar 2015)

In meiner Seele heulst Du jede Stunde,
meine gefährliche Liebe – Geduld!
O schönster Schmerz, Du, der mit tiefster Schuld
mir in die Augen trifft – hart aus dem Munde!

Und Deine starken Hände: meine Wunde,
Meine Verdammung! Greif mich an, erduld,
dass ich um Zeit bitte, um Deine Huld –
dass ich vor Dir knie – im dunklen Grunde.

Wenn ich nun Dein wäre, mit all den Schlägen
in meinem stummen Weh ganz still empfangen,
mit tödlicher Vorfreude in dem Blicke!

Ach Du, Soldat! Sieh mich an, ich ersticke:
durch dein Lächeln bin lange schon gegangen
und grell gesunken. Kannst du's wohl erwägen?

SONETTO XLVII
(Karlsruhe, 9 febbraio 2015)

   Ah maledetto tu che non mi guardi,
ah maledetto sempre, che mi sfiori
e poi mi sfuggi, e poi mi disonori
e i miei sospiri li usi da stendardi!

   E maledetti gli occhi tuoi bugiardi,
i tuoi sorrisi scuri, ammaliatori,
i tuoi dispersi baci, i tuoi colori
che, nemici, a mostrarmi pur t'azzardi!

   Ah maledetto, bellissimo boia
di tal bellezza ch'è dolce morire
affogato nel tetro tuo veleno

   Ah maledetto sempre, perch'io muoia
sotto le mani tue, e tra le spire
di te marchiato a sangue sul mio seno.

SONET XLVIII
(Karlsruhe, 17 de febrer de 2015)

   Has arribat a cantar la cançó
del sol i la muntanya? Feia fosc
quan tu me l'ensenyares, dins del bosc,
ben allunyat de qualsevol raó

   com jo hi era, tancat a la presó!
Vaig ser la pedra bruta, vaig ser tosc
amb un ull mig tancat, un linx ben llosc,
agafat a la llum, com un falcó

   tot escapant-me'n, tot cridant bestieses,
tot i que jo no mai vaig ser capaç
de tornar amb les mans blanques, il·leses –

   Malgrat això, vindré i em somriuràs,
i farem com si jo no t'ho hagués dit,
farem com si m'haguessis beneït.

SONETTO XLIX
(Valencia, 22 luglio 2015)

   Un pugno in gola: questo mi presenti
per sfuggire la noia della sera.
Ecco svelata la tua voce vera,
tu, l'inganno tremendo degli eventi!

   Ma m'inasprisco coi gesti violenti
morti e rinati tra la sabbia nera
delle ossa tue parlanti, della cera
dei rossi lumi votivi già spenti.

   Tradito dai traditi e poi trafitto,
deriso tra le grida ed attoscato,
a terra, polve tornata alla polve

   il mio potere distrutto e proscritto,
gonfio il manto di porpora affogato –
in bocca un Miserere si dissolve.

SONETO L
(Castellón de la Plana, 14 de enero de 2016)

  ¡Adiós hasta mañana, bienamado!
No busques ya mi voz por entre el viento,
no repitas mis versos, ni mi acento –
no me sigas ahora que he marchado.

  ¡Hasta muy pronto! Estoy al otro lado.
No temas el dolor: ya no lo siento.
Ya todo es luz, la muerte es un invento –
¡no me esperes, espíritu cansado!

  ¡Hasta siempre y adiós! Pero no llores:
celebra mi recuerdo en tu sonrisa.
Te recuerdo. ¡Bendice mis errores!

  ¡Bienamado! Me voy a toda prisa.
¡Regáleme la suerte tu alegría!
Yo te bendigo, mi hijo. Tú confía.

SONETTO LI
(Basilea, 24 gennaio 2016)

  E gl'occhi greci e d'alabastro il petto
come latte sinuoso bianco il rivo,
e due gemme sul seno acceso e vivo
sì che vorrei vederne ancor l'aspetto,

  e le due braccia, colonne e ricetto
e tana mïa d'animal furtivo,
e 'l tuo arrossire dolcemente schivo
e il cuore che nell'anima sta stretto –

  e mi raccogli fanciullo e guerriero
come fossi un segugio ben stremato –
tu, lignaggio d'antichi semidei

  prosciughi la mia gola e porti fiero
sullo scudo il leone inalberato:
nel tuo fuoco non so come vivrei.

SONETTO LII
(Basilea, 25 gennaio 2016)

   Luna stampata col bianco sul nero,
moneta e timbro ed effigie fatale
del bronzo maledetto e poi del sale
del mare del sudore süo altero

   e brilli e luccichi sul bel sentiero
quasi fosse terribile e normale
il ricordo incarnato che m'assale
sotto le braccia di ferro severo.

   Vattene, luna piena di dolore –
va, te ne prego, e lasciami all'oscuro
di quest'ansia profonda che mi riempie!

   Mi coglieva la nuca come un fiore
armato fino ai denti, ti assicuro –
mi ha trapassato col viso le tempie.

SONETTO LIII
(In volo, 24 aprile 2016)

  Inabissato, sono il tuo fardello,
nel vortice, sul ramo bene appeso,
mi porta la corrente, resti illeso,
affondo e non affogo col tuo anello.

  Mi sorvola e mi scortica l'uccello
sulla croce perfetta, e sono acceso
per come brilla e brucia il sale offeso
nelle mie piaghe, nel secco budello.

  Se mi aggrappi, non guardo e poi mi getto,
angelo salvatore d'altri cieli:
perché respiri, sono benedetto –

  e m'apra il ferro tutti i vecchi steli
e gonfi i bronchi miei l'algido flutto:
perché respiri, hai benedetto tutto.

SONETTO LIV
(Valencia, 30 luglio 2016)

  Principe antico coperto d'argento
coi panni azzurri sulla pelle scura
che brilla d'Orïente: ben sicura
la spada in pugno annunzia il vostro avvento –

  e la barba nerissima ed il mento
con l'oro e i frutti e l'aria di ventura,
pirata! soffochi la mia paura
con mano forte, con gli occhi del vento

  mi scruti e mi possiedi e tremo stretto
gli occhi sbarrati sulla tua bellezza –
non v'è uscita da te, tu sei il mio tetto

  tra il cielo e il legno e il bacio di dolcezza,
bandito astuto, esperto rapitore:
tremo e godo del duro tuo furore.

SONETTO LV
(Vienna, 8 agosto 2016)

   Centauro semideo, figlio di Bacco
capitano dei mari, navigante
sorridi sulla prora, ed il Levante
ti bacia il petto e tu lo tieni in scacco

   E il sole ti ubbidisce ed è vigliacco
di fronte a te, miracolo danzante –
oscuri Venere e la fai calante
all'alba quando torni al dolce attacco –

   Ahi! quella voce d'estiva tempesta
di pietra nobile e di rosmarino
d'ombra d'ulivo e torrida foresta!

   Ahi! quegli occhi di fuoco, terra e vino
e sale e spezie e balsami e profumi:
ti guardo ed amo come mi consumi.

SONETTO LVI
(Castellón de la Plana, 17 agosto 2016)

  Ho il cuore gonfio sempre dei sospiri
appena nati in mezzo alle tue mani
e vivi sempre e fervidi ed arcani,
io, tempio ardente dei nostri desiri –

  tu, l'incenso e l'azzurro in mille giri
coi baci e cogli sguardi sovraumani
e i gioielli che brillano lontani:
ho il cuore gonfio dei nostri deliri –

  stampato a fuoco e sangue sulla fronte,
quanto desidero bruciare vivo
guarito, risanato e poi risorto

  e ammaliarti col canto e colla fonte
del mio pianto gioioso eppure schivo,
tu, semideo, tu, rifugio e porto!

SONETO LVII
(Basilea, 24 de agosto de 2016)

"Rey de los mares" has dicho triunfante,
los puños fuertes sobre la cintura,
brillos de plata sobre piel oscura
y el orgulloso pecho de diamante –

Guerrero noble, de tu espada amante,
filigranas de ébano y ventura:
brillos de hierro sobre tu hermosura,
sobre tu reino undoso y navegante –

y ríes fiero, como un trueno altivo,
como tormenta y lluvia poderosa,
león bravo que nunca fue cautivo

y yo tu presa y tu sirena hermosa,
en versos me requieres que te cante
pero enmudezco bajo tu semblante.

SONETO LVIII
(Castellón de la Plana, 7 de septiembre de 2016)

"¿Qué voy a hacer contigo?" suspirando
entre rosas azules y retales
de sedas me preguntas, y frugales
mis miradas, con ecos contestando,

soñando el cómo, el dónde y hasta el cuándo,
se pierden entre brumas y cristales;
y vuelven las nostalgias estivales
de ti, de tus suspiros levitando –

¡Y yo no sé "qué voy a hacer contigo",
señor del mar, señor de mis nocturnos,
pirata y príncipe, secreto abrigo!

¡Mátenme así tus ojos taciturnos
y cávenme tus manos en el pecho
y que calle el dolor insatisfecho!

SONETTO LIX
(Valencia, 4 ottobre 2016)

   Con le piaghe sui fianchi sta l'ariete,
e tiene il suo lamento in gola stretto –
tremando fiera la tempesta in petto
lo regge all'erta in piedi e gli ripete:

   Pioverò su di te ed avrai sete:
ma non berrai, e pure, a tuo dispetto,
vorrai dormire e non avrai ricetto,
e il tuo tormento non avrà mai quiete.

   Sbarrando gli occhi la ferita belva
col bianco vello tutto insanguinato
muto ed immobile sul vuoto prato

   ruggisce di dolore, e della selva
scorge la quercia antica da lontano,
ma tenta andargli incontro e tenta invano.

SONETTO LX
(Castellón de la Plana, 21 de octubre de 2016)

   Àngele Dei, qui custos es mei
dice piano la voce della mente –
yo, deshecho de ti, discreto, ausente.
Que el cel et protegisca, diu ma llei.

   Ἐν τῷ οἴκῳ αὐτοῦ τὶ δὲ ποιεῖ;
Keine Antwort – bin ohne Fundamente,
estou sem casa, sem olhos, sem frente.
What shall his thoughts be, and what shall he pray?

   Comment vis-tu ? Tout seul, qu'est-ce que tu fais ?
Mi hai chiamato *angioletto*, mi hai tenuto
Nella gioia e nel sangue, *ojos de mar*,

   cançó callada pendent de cantar –
¿Cómo no lloras nuestro doble luto?
Wie leb' ich mit dem eisigen Ade?

THE BALLAD OF THE FAUN

SONNET LXI (Ganymede)
(Castellón de la Plana, 21st December 2016)

  Go gentle on my strings, prepare thy style,
Mysterious, my Jove of golden hair –
Rehearse thy tunes, behold me for a while:
I cannot breathe before thy talents rare.

  Stretched out thy mighty arms, two milky ways
Embrace my fervent sighs, my anxious nerve;
I, Ganymede, thus blinded by such rays,
I do not feel but one desire to serve.

  And I, floating on thee, caress thy lap
With feathers of desire, which I present,
Adventurer, upon thy body's map –
Thou, striking eagle, clearly heaven-sent!

Command that I inhale thy roaring thunders –
Quench not thy godly flame, thou, man of wonders!

SONNET LXII
(Castellón de la Plana, 1st January 2017)

   O you mysterious, o voice of breeze
And windy hills upon the stormy bay!
At every tone – o wonder! – how I freeze
And burn entranced, bewitched by all you say!

   And now, you see, I hold my horse's reins
In reverence of your heart, in awe of you:
Your hands are mine, your blood runs through my veins.
Behold my smile! It cannot bid adieu.

   How clear your glance, majestic, cordial, fair,
You noble chevalier, you gentle knight:
Whence come you then, what gives you such bright flair?
Where is your father's house? Is it in sight?

I swear upon my voice: I shall return
Within your breast, my innocence unworn.

SONNET LXIII (The Faun)
(Valencia, 12th January 2017)

   I am the faun – I am a creature dear
To men on earth and gods who, in disguise,
Demand discrete their tributes, far and near.
In sacrifice, my sighs to you arise,

   Lord of the thunders bursting in my chest,
Visiting wind of strongest, kindest hands,
With a perennial golden armour blessed:
You fall like tender war upon my lands!

   I am th'Arcadian faun, a spirit free,
I am a son of Bacchus, I am song,
I am a stage for you to touch and see:
Amidst my arms, your voice shall do no wrong!

Please, crown me, sir, with violets and pearls;
Please, drive your fingers bare all through my curls.

SONNET LXIV
(In the air, 12th January 2017)

   Why is it that my breast in anguish shakes
(In wilder beat than it is used to dance)
And is both proud and fearful, and it breaks
Its shell and shield, each breathing an offense?

   It is indeed a charm, a wizard's spell:
You swim at distance, well under my skin,
Which I did not expect, nor I could tell
If opening my doors was great a sin –

   For I had shut them down and thrown the keys
Away from any sign of guiding stars
Or moon-lit paths upon the grumbling seas,
In an attempt to heal my fervent scars –

But you are salt, the swift intruder knife
That rushes in and burns the doors of life.

SONNET LXV
(Castellón de la Plana, 7th February 2017)

   On purple velvet rests a fair white rose –
The vision of a noble mind indeed!
It sings in silence, sheer in its repose:
"In me there lies a gift, a naked seed,

   From which a diff'rent sprout is meant to bloom,
A flow'r the world has seldom seen so clear.
It is my heart, it lives within thy womb,
It is my love, receive it, have no fear!"

   Fear notwithstanding, having no words left,
None, but a single statement in my voice,
In bold relief, of hesitance bereft,
I dared to speak – I had no other choice.

On purple velvet rests my cogent flame;
Receive it back, my sir: love is its name.

SONNET LXVI
(Castellón de la Plana, 12th February 2017)

   I bleed, I bleed, my sir, a lamb so white,
A ram at heart and soul, a fighter brave!
And yet I bleed before thy wondrous sight,
My sir, a ruby stream, a noisy wave;

   The fighting is a moment of relief
For me, the stubborn Aries of time –
But then alone, I lick my wounds in grief,
I long for a caress, I weep in rhyme,

   And thus, for any word from you is food
And deepest water to this thirsty throat,
I am an open field with hopes renewed
Of pouring love to rain on me devote.

This on a vivid stream of mem'ry keep,
My sir! And if I sigh, pray, do not weep!

SONNET LXVII
(Madrid, 22nd February 2017)

   Ego flos campi – Flower of the field!
I am the lily from the valley deep
And bow in reverence to your martial shield,
My roof desired, my wind against the steep,

   My very sir, my blood, my verse untold!
What if the earth that holds me wildly shakes
And drags me out, into the darkest wold
Far from your strong, tall trees, far from your lakes?

   Not even when I die shall I despair,
For, fire-branded on my trembling stem,
You watch me from the distance, guardian rare,
For you inhabit me, transparent gem!

Do not be scared, my sir! My petals live
And this, our field, has yet so much to give.

SONETTO LXVIII (Sul lago)
(Castellón de la Plana, 1º marzo 2017)

   Andiamo, cavaliere del mistero,
andiamo al lago, col volto segreto –
la barca tua, ricetto consueto,
quasi fosse un nobile veliero;

   Ecco l'alba discopre ciò che è vero:
senza parole e soli; amore quieto,
e il pianto, e il riso, ed il fuoco discreto –
Ecco remiamo muti sul sentiero!

   Ascolta come l'onda ci sospira
al colpo di due remi forti e stanchi,
gli sguardi fissi sul cuore che delira –

   "Il destino lo volle" – e sui miei fianchi
la stretta d'una mano messaggera:
un bacio fuggitivo ed è già sera.

SONETTO LXIX (Madrigale)
(Lione, 6 marzo 2017)

  Ahi! Partisti, signore, tu partisti
quasi tu andassi al campo di battaglia:
tant'è la luce che di te m'abbaglia
gli sguardi miei, di te tanto sprovvisti.

  Ahi! Spirto antico, forse tu capisti
qual è l'immagin tua che m'attanaglia:
lo sguardo tuo che in petto mi si staglia –
privato asilo in ciel che tu m'apristi.

  Ahimè, signore mio, ritorna presto
dagli angeli scortato, e salvo, e forte,
tra le mie braccia aperte e sconsolate,

  eroe celeste sul terreno infesto!
Cantar le tue virtù: preziosa sorte
in questo mare d'anime sfregiate.

SONNETS LXX – LXXIII
(Valencia, Zürich, Sevilla, Castellón, 27th March to 14th April 2017)

  LXX – So once upon a time there was a faun
All dressed in wavy curls, who spent his days
In songs and sighs, as he would slowly swan
With loudest silence, through the forest's haze.

  And lo! A golden knight in shining arms
All of a sudden came out through the trees,
His white horse hopping on the snow, all charms,
Mysterious and noble he did ease –

  And lo! Their eyes did cross, a thunder fell.
"I'm deeply wounded, lord. I pray, take heed."
"*Idem* I pray, sweet faun, you know me well:
The last thing I desire's for you to bleed."

And lo! The faun did bleed a thousand tears
And smiled indeed, and kissed, despite his fears.

LXXI – "But see, my sir, I know you are a prince,
And though these beasts shan't bow to you, I shall!
Our lives are different, this I've known long since.
I know we meet against this world's morale."

"'Tis true, my faun, but I appreciate
Your signs of love, your songs, your eyes, your voice;
And I do love you too: it is but fate
To be each other's dearest, secret choice."

"So, let me bless you, sir, and bless this day:
Endlessly yours, I consecrate my heart
To celebrate your life! Therefore, I pray,
I pray, my sir! From me do never part!"

So, faun and knight stood still, and prayed and vowed,
And loved, for what their little time allowed.

LXXII – "Tear me apart, ye gods!" the faun did cry
After the knight had gone. "I cannot rest,
I cannot breathe nor cease to sigh,
Thou evil Chronos, ticking in my chest,

And thou, blind Cupid, archer fair and proud,
To whom I beggéd to be left in peace!
How come this longing shouts unkind and loud?
How come this anguish never does decrease?

Emptiness fierce and harsh! Your absence stings,
And yet so full of you, sweet sir, I spill,
I overflow, a nightingale who sings
Until he dries his throat of his own will –

Merciful heavens! Does he miss my sight?
And does he know how strong for him I fight?"

LXXIII – And in his castle sat the knight awake
In thoughts of all his battles won and lost,
And, while his eyes with tears would gladly break,
He also missed the faun he did accost.

"Who is he then, and what shall I believe
Of all his songs and tears, his fiery vows?
For in my state, I sure cannot conceive
To feel such love outside this gentle drowse.

Alas, my faun! If only I were free
To lie with you in an eternal dream,
Nothing but smiles besides your lemon tree,
Banishing cares, your voice a honey stream!"

The distant faun could hear his secret prayers,
And sang a song to which no song compares.

SONETTO LXXIV
(Madrid, 14 aprile 2017)

  "Arrendersi non è che da codardi":
questo porto stampato sulla faccia,
e col sangue sul viso le tue braccia
s'ergono quali soli baluardi –

  Io, sfiancato dal rosso dei beffardi,
io lotto ancora, e il mondo mi minaccia,
e i maledetti pregano ch'io taccia,
ma il petto mio è già gonfio, ormai è tardi;

  Sentitemi: è tardi! Non mi pento,
morissi ancora, tentativo estremo
di non abbandonare il cuore al vento,

  cadessi a precipizio! Crederemo
d'essere stati almeno ciò che siamo,
e, poi, d'aver saputo dove andiamo.

SONETO LXXV
(Vila-real, 22 de abril de 2017)

   ¡Cuánto quisiera no sangrar más vida,
pero es sangre bendita por las noches
las plegarias que sangro por derroches,
amor secreto, sangrado a medida!

   …con su huella profunda y descosida
bordando en oro caballos sin coches,
tapiz entretejido con tus broches,
tu hilo, tu madeja bienvenida,

   porque estoy amarrado a la deriva,
estoy perdido hasta anclado en el puerto:
mi barco es náufrago, mi barco arriba,

   velas abiertas de hinchado desierto
y tu pecho infinito que me acuna
y mi nostalgia tan inoportuna.

SONETUM LXXVI
(Averium, XXVIII. Aprilis MMXVII)

  Sit nomen tuum semper benedictum
et meo pectore verbum verborum,
mihi emissum gratiā caelorum,
effusum oleum ad cor iam victum –

  Unum gaudium templumque invictum
hoc spirito, et carmen angelorum
vox tua erit, dum tuum decorum
animā meā dulce sit inflictum –

  Ergo, domine mi, tibi cantabo
sonante voce valde modulatā
ad te laudandum canticum dilectum

  et solā tibi causā te laudabo
ut vita tua semper sit beata,
fons salutis et firmum meum tectum.

SONNET LXXVII
(Valencia, 17th May 2017)

   The angels have replied and sung the truth:
Indeed, that all our steps did have to cross;
That we are bless'd indeed and in good sooth
So that it never could be deemed a loss –

   Hear me, I swear to God, your heart is worth!
Your heart is sacred to my heart, I say –
Thus, to a thousand songs may I give birth
In praise of you, forever and a day –

   Nothing can harm you – You shall never die;
And if you die, I shall be first in line
In face of Death, my voice a proud reply:
Take me instead! Such end is more than fine!

"Be not afraid to make us happy both!":
My sir, you have my blood; here, have my troth.

SONNET LXXVIII
(Castellón de la Plana, 29th May 2017)

   To arms! To arms! So deep a battlefield
And so enticing in its danger, too,
That, side by side, our swords would never yield
Nor cease to fight for what they know is true –

   The mystery of you resounds so loud –
A roaring storm inhabiting your eyes,
So quiet in its thrust, approaching cloud
In blue and gold, eliciting my sighs

   So that I stay awake to your command
All ready to attack – or to defend
The castle we have built upon the sand,
Ready to kiss and die, never to bend,

Nor to give up my shield in burning shame:
Your face, my north – My flag, your very name.

SONNET LXXIX
(Basel, 7th June 2017)

   Oh! But my heart is gone, my heart is fled!
It lies no more within my open chest,
Soul-brother dear! Indeed, 'tis true I bled
The night I welcomed you as my own guest –

   My sir! Behold! My chest, so open wide,
Your image carved onto the beating skin
Beating in waves of fate, a risky tide,
So deep and quick, 'tis up to my own chin,

   Up to my soul it flows, up to my neck!
And will you jump and join me in this flood,
Or will you be afraid and stay on deck?
I gave my heart to you, I gave my blood:

Well sure I am you keep them safe and sound,
My distant shelter, gentle and profound.

SONNET LXXX
(In the air, 8th June 2017)

   What are six months and what is half a year?
I prayed that you *go gentle on my strings*,
My very sir, *mysterious* yet clear,
So quiet in your storm, above all things,

   But I was caught by Love and Fate red-handed!
On purple velvet did your *white rose* rest,
As did my soul, my hands, where you are branded,
Forever marked and scarred my loving breast,

   Forever blessed, your bard in laurel wreath –
And *cradled by your endless chest*, in bliss,
Entranced between your golden arms, your breath
A heav'nly wind, your mouth a god-sent kiss!

Soul-brother dear, and are you not divine?
What are six months, if not a sacred sign?

SONNET LXXXI
(Madrid, 20th June 2017)

   "What if the temple crumbles on our heads",
My locks cut off in haste and thrown away,
Ripped off my clothes, all stained their orphan threads,
And open wide my eyes in sheer dismay?

   What if it crumbled, then? I would not mind
your voice to be the last voice to be heard,
our hands to be the last hands to be twined,
"My sir!" to be the last words to be blurred,

   To die within your reach – O death desired! –,
To live instead, well framed between your arms,
To sleep and watch you breathe, heav'n-inspired,
To leave this earth, to soar upon its harms –

So might the temple bury us together:
With you in sight, it shan't be but a feather.

SONNET LXXXII
(Castellón de la Plana, 29th June 2017)

   Sweetest of sights! And, even when unseen,
Its memory held by trembling fingertips –
Alive, because they know where they have been –
By empty hands, by ever-starving lips!

   Sweetest of creatures! Even when apart,
Mocked by the world and trapped by time alike,
Your song is to be heard around my heart,
A blinding thunderbolt about to strike!

   And sweet above all sweetest things on earth
Your gentle smile, an image heaven-sent,
The music in your silence giving worth
To this, of which I never shall repent!

For I know not what we are to expect,
But fate shall speak, and fate I shall respect!

SONETTO LXXXIII
(In volo, 17 luglio 2017)

   Leone mio perduto nell'assenza
delle poche parole in contrabbando!
Non sappia il mondo né come né quando
di te io benedissi l'esistenza,

   né sappia alcuno dell'aspra innocenza
del fauno che combatte sospirando
la mancanza ed il vuoto miserando
dei cuori e della loro resistenza –

   Nessun lo sappia, leone adorato,
e pure il tuo sorriso silenzioso,
che dice tutto senza aver parlato,

   rimanga al mondo un segno misterioso
dell'amore indicibile ed occulto
che nel silenzio è fervido tumulto.

SONNET LXXXIV
(Xàtiva, 5th August 2017)

   Pray let me sing that I, my sir, am yours
And that, in your own way, you too are mine,
Thus, that our sacred bond be one that cures
Against the world, soul-brother dear and fine,

   A link that heals all earthly wounds and scars,
A house well far from everybody's sight
Beside a lake of quiet, dancing stars,
A refuge from the dark, a nest of light –

   Pray let it be like this, my sir: you see
The singing faun sits in your tender lap
And, of your kingdoms past and those to be,
With silver voice he slowly draws a map,

Your *golden goodness*, shrine of endless beauty!
To celebrate your life shall be his duty!

SONETO LXXXV
(Castellón de la Plana, 11 de agosto de 2017)

   León de oro y fauno de amatista
en silencio, sonriendo bendecidos,
sentados a la orilla desvestidos
de sus prisas, del ruido y de la vista

   del mundo amargo, del mundo egoísta,
sonriendo quietos, los brazos asidos,
los enemigos rotos y vencidos,
sin cuervos que les pasen ya revista,

   y el ansiado refugio sobre el lago
y sus abrazos fuertes y valientes
durmiendo al viento, con el pecho lleno

   de luz de fuego fino, sol presago
y platino de estrellas refulgentes
y lluvia milagrosa y raudo trueno.

SONNET LXXXVI
(In the air, 28th August 2017)

   I wish myself a life to honour yours,
A celebration that you still exist –
I wish myself a house on peaceful shores
Where smiles shall dwell, the smiles that we have missed,

   And in that house, a fire where we can cook,
A sunny room, a table laid for two,
A glass of wine, a flower, a silver book
In which are branded all my thoughts of you,

   And in our room, I wish to have a bed
Stronger than oak, with sheets of purple scent,
A lake where we can swim, and roses red
Scattered by gods wherever we both went,

And I would wish myself to celebrate
Our crossing paths, my sir, well crossed by fate.

BALLAD OF THE BRAVE
(Castellón de la Plana & Basel, 7th September 2017)

   December came – It struck me blind
With unexpected light!
   It brought a lion fair and kind,
His eyes were trembling bright.
   I was a wandering faun, 'tis true,
Well clad in silver tears.
   We hid. His voice celestial blue
Was velvet to my ears!
   And I was lost, I knew I was,
And I did try to flee –
   In vain, for we were bound by laws
That only gods could see.

For love was for the brave at heart
And not for cowards made!

   And January arrived in pain
Of bodily resistance:
   Each fear a ready sword to slain
The Faun with sharp insistence –
   But Lion came in gentleness
And tied my bare remains
   With purple strings, like a caress
Of liberty in chains.
   A rose on velvet was his sign,
Our souls collapsed, yet dared

To let our deep confession shine:
We loved - it was declared.

For love was for the brave at heart
And not for cowards made!

   In February, he crowned my head
With leaves of laurel green
   And tender love was sung and said
Like it had never been.
   Alas! how Valentine would cry
In joy and pain perforce!
   Our time against the world flew by
And would not stop its course.
   But in my laurel wreath I gave
To him my word in song:
   That nobody would be as brave,
And nobody as strong.

For love was for the brave at heart
And not for cowards made!

   The month of Aries brought spring
With blooming fears ahead
   Which I to him in verse would sing,
In tears yet never shed –
   And to the East away he flew:
I feared the string would break,
   So stretched it was between us two,
So bright, for our own sake,

That in its flame we could have burned,
So secret, so alive –
   For this I longed, for this I yearned,
For this we both did strive.

For love was for the brave at heart
And not for cowards made!

   And April gave a wounded flower
In bloody grief distilled,
   And every second, every hour
With grief was to be filled –
   So insecure the Faun did stand,
Caressed by thousand cares,
   That he took Lion by the hand
And sang to him his prayers,
   And asked if love was worth the fight
Against their hostile world,
   If pain was stronger than delight
While destiny unfurled.

For love was for the brave at heart
And not for cowards made!

   The month of May with courage came
And with a sense of hope,
   Of fireplace and homely flame
That gave their hearts a scope.
   Though Lion's back did ache in grief,
He carried all its weight

   As gentle as an iron leaf,
A challenge of his fate –
   And with his hands the Faun did feed
His troubled, noble friend:
   All angels came to plant a seed
Of bliss without an end.

For love was for the brave at heart
And not for cowards made!

   Who could have thought of this in June?
Six months and half a year
   Of hours of joy that passed too soon,
And memories ever dear,
   And precious minutes robbed to time
In ways nobody knew:
   A needed theft, a guiltless crime
Impossible to do!
   But they were happy to employ
Such stolen hours together,
   An image of ideal joy,
Their world a distant feather.

For love was for the brave at heart
And not for cowards made!

   July did almost break Faun's head
With freezing winds on stage,
   And sweat and blood like rivers shed
As ink upon his page:

It was but fear and hope who fought
Like hungry beasts unseen,
   And absence fierce, a beating thought
Both devilish and mean –
   But then they met, and Lion spoke
As gentle as a god,
   And fear had no one to invoke:
It perished at his nod.

For love was for the brave at heart
And not for cowards made!

   But August dragged him to the East
Away from Faun again,
   With longing all prepared to feast
Upon their cries and pain,
   And cry they did, and count the days
In quiet, silent yearning,
   Afraid to bother, with their ways,
A world so undiscerning
   Of all their promises and vows,
Their secret bittersweet!
   But he returned: they kissed in drowse,
Faun fell to kiss his feet.

For love was for the brave at heart
And not for cowards made!

   "I saw September long to heal,
its wind caress his scars,

    And Autumn with its clouds conceal
All unpropitious stars –
    Indeed it came, belovéd mate!
Its breezes smiling high
    Above our hearts, never too late,
Nor louder than a sigh –
    And there resounds a voice of gold:
'Nine months! It is a birth
    Of beauty and of bliss untold –
Do not forget its worth!'"

For love was for the brave at heart
And not for cowards made!

SONNET LXXXVII
(Castellón de la Plana, 30th September 2017)

   A forest deep, invisible to all
Except to us, a labyrinth of hours,
And in its heart a house of marble tall,
Proud to be hard to reach, bold of its towers

   From which all kind of challenges are thrown
Straight at our feet in endless toils and dares,
While from the ground unsettling winds are blown
Of ice and scorching heat against our prayers –

   "All will be well," you say in soothing voice
"For we, my Faun, shall overcome all tests."
O may it be! I have no other choice
but following the path your trace suggests,

And, while we chase the center of our maze,
Pray do not leave your Faun dwell in the haze.

SONNET LXXXVIII
(Castellón de la Plana, 4th October 2017)

   I watch the only dancer on my stage:
He bends and turns, he bows with silent flame,
With noble grief, his eyes about to wage
A sacred war, a war in beauty's name.

   I sing an ode of praise to him – he smiles.
He needn't speak as much for he can dance,
One step of his as high as hundred miles,
His love expressed so clearly in his glance,

   And in such grace, I fall to kiss his feet
A thousand times, a thousand words of love.
He dances back, so strong yet so discrete,
and gently kneels, and whispers from above:

"'Tis you who sing, my Faun! Please do not fear,
For I shall dance the words you cannot hear."

SONNET LXXXIX
(Castellón de la Plana, 9th October 2017)

  Lion and Faun stand still, each on a shore
And deafening and mighty in between
The river of reality does roar,
Its beast untouchable and strong with spleen.

  'Tis in the air, above the water's ire
Where Faun and Lion meet, against the tide:
The turmoil underneath boils loud and dire,
Which they ignore, provided they can hide.

  'Tis but a magic spell that lives not long:
An hour or two before they must descend,
Each to his shore, unconscious of their wrong,
Not knowing whom they managed to offend –

For who'd risk reaching then the other bank?
Till now, despite the world, they never sank.

SONNET XC
(Castellón de la Plana, 24th October 2017)

   Peace, of all things on earth, and gentle sleep,
And clearest certainty of love received
In which your heart shall float and deeply steep:
This I do pray for you to be conceived –

   And in your sleep, twelve angels to defend
The *man of wonders* sacred to my eyes:
No earthly pain to ever apprehend,
No worries or concerns, no bitter sighs –

   Peace I demand for you, and placid rest,
And endless hours of happiness untold,
For we shall prove to pass whichever test
With smiles of conscience clean and honour bold –

Sleep then, my sir, recover all your might:
In you is my repose, in you my light.

SONNET XCI
(Castellón de la Plana, 4th November 2017)

   Fear and confusion howling past the trees
As wicked as the very voice of hell –
Deep blown from earth, their tune, born to displease
And spoil the bliss of beauty with their spell!

   O banish them, I pray! I am so tired
Of all this noise so meaningless and mean,
Of all this fright I never have desired,
Of dreading now the mischievous Unseen –

   But – do you know your arms have held my head
Above the waters of my darkest pain,
Lest I should drown in tears, those I have shed
Before you came to let me breathe again?

And do you know how great a heart you own?
Greater than any hymn written on stone.

SONNET XCII
(Castellón de la Plana, 11 novembre 2017)

   Mon lion au cœur secret, un cœur caché du monde :
Un monde avec lequel j'ai bien pris mes distances,
Un cœur si beau que moi, je nie l'existence
D'un esprit plus doué, d'une âme plus profonde !

   Sur ce monde vulgaire à la bouche inféconde
Où nous nous rencontrâmes en ivre clairvoyance,
Bien au courant du ciel, de sa forte insistance,
On aurait pu se perdre en quelques nus secondes !

   Souviens-toi de nous deux, mon bien-aimé, si loin,
Et n'oublie jamais le parfait contrepoint
De nos rêves furtifs et de nos blanches fleurs,

   Miracle de beauté occulte et courageux !
Je ne demanderais, si je faisais un vœu,
Que de danser à deux, monsieur, notre bonheur.

SONNET XCIII
(Castellón de la Plana, 16 novembre 2017)

   Demande-moi c'est quoi, c'est où tout mon bonheur.
Moi, je te répondrais que le bonheur c'est toi,
C'est sous tes fortes mains, dans ta céleste voix,
Bien cerné par tes bras, mes beaux, puissants voleurs !

   Et nos âmes bercées, inséparables sœurs,
Contre le monde entier entrelacent leurs doigts
Ne voulant pas être privées du bon toit
Que le ciel leur donna pour les mettre à l'honneur –

   Par l'aube azur des yeux que tu volas aux anges
Je vis de ton haleine et, d'une façon étrange,
Courbé sur ton sourire et nourri par ta peau

   Je sens, si je mourais, que ça serait bien sûr
La fin la plus douce : béni par tes susurres,
Ancré à toi, calmé, plein de notre repos.

SONNET XCIV
(Castellón de la Plana, 25 novembre 2017)

   Ah, monsieur, que je meurs tout seul, les nuits d'hiver
Ne trouvant pas tes bras pour me couvrir du mal,
Du froid insidieux, de ce monde animal
Dont tu peux me sauver malgré nos cœurs ouverts –

   Mais moi, je meurs béni, et puis je te révère,
Créature du ciel, ma pensée finale
Et la première aussi, la larme originale
Où je prie les dieux qu'ils ne soient pas sévères –

   Et donc ? Je meurs heureux, si c'est bien près de toi,
Mon beau, mon seul époux contre toutes les lois,
Le seul qui soit digne de parler en silence

   (Avec les yeux chanteurs d'un bleu grand, désarmant),
Le seul qui puisse aimer ce que je suis vraiment,
Le seul qui guérisse ma fiévreuse existence !

SONNET XCV
(Castellón de la Plana, 2nd December 2017)

   Almost a year, a few more days to go
Since Faun and Lion crossed their trembling eyes
And saw each other shining and aglow
In days of wonder plotted from the skies!

   The miracle of love was born indeed
Fighting to find its way through fears and pain –
It fought, though never certain to succeed,
Forbidden by the world and its disdain –

   But in the fight for beauty sang the Faun
And made a sacred wish before all gods:
That he be Lion's sun at every dawn,
His soulmate, heaven-sent against all odds,

His gentle bard and his companion dear –
That Love may grant them more than just one year!

SONETO XCVI
(En vuelo, 10 de diciembre de 2017)

Busco tus manos y no las encuentro,
¡amadas manos! Busco en todas partes
y las que encuentro lucen estandartes
de un laberinto sin meta y sin centro –

Busco tus manos laberinto adentro
y no me asisten ni oficios ni artes
para encontrarte entre tantos descartes
de un mundo abyecto del que salgo y entro

para buscar tus manos mecedoras,
señoras absolutas de mi pecho,
manos nobles, hermosas luchadoras,

manos fuertes que quiero como lecho,
manos en las que quieto moriría,
manos por las que vivo todavía.

SONNET XCVII
(Basel, 26th December 2017)

   What do you dream, my sir, when you may dream
Alone in thoughts, regardless of all things
Arising from this world's frenetic stream,
As if you soared away on purple wings?

   What would your dreams be, then, if you were free
To think but of your joy, your heart's desire,
And if, of all your hopes, you could foresee
The strongest one becoming flesh and fire?

   I dream of us in quiet bliss, one roof,
In spite of those who shall not comprehend
And shall condemn us, blinded and aloof –
One roof I say, that no one could contend.

Thus I do dream and hope, my gentle sir:
Do *you* as well, and do our dreams concur?

SONNET XCVIII
(Basel, 31st December 2017)

"I shall not fear, when Fear shall bite my chest!"
A thoughtful wish indeed you make, my dear!
How often have you been by Fear caressed
And taken in her arms this passing year?

"As many times, as bitter solitude
Sharpened my tears and nourished all my senses,
Keeping my breathing high, my heart subdued,
Blinding my hopes, imprisoned by her fences –

But I resist: and Death I shall not dread
When it shall come, if He is well aware
That I have loved Him more than can be said,
That I have loved Him far beyond compare.

As long as Death shall find me thus prepared,
I shall not fear: He knows all I have dared."

SONETTO XCIX
(Basilea, 3 gennaio 2018)

   Leone benedetto mille volte,
di luce incoronato e biondo sole
e grano d'oro sparso di vïole
che il fauno tuo di propria mano ha colte;

   d'acquamarina gli occhi: gemme sciolte
in cui lo sprofondare non mi duole;
dolce la bocca e i baci e le parole
preziose e rare, al fauno tuo rivolte;

   le braccia aperte ed il petto infinito
dal marmo rosa di latte imperlato,
le mani buone, la voce perfetta;

   leone amato, eppure proïbito
dal mondo cieco, ignaro del tuo stato!
La nostra fiamma è stata benedetta!

SONNET C
(Basel, 8th January 2018)

   Upon my heart! A hundred times be blessed,
My soul-mate dear! A hundred chapters still
To read aloud as one, at fate's request,
A hundred wishes, mostly to fulfil,

   A hundred smiles to draw upon your face,
A hundred tears to shed between your hands,
A hundred kisses to receive in grace,
In ways nobody knows nor understands –

   And all these hundred things, a hundred times
May God bestow upon our praying lips,
As I have sung all through my hundred rhymes,
My sir, my sun that no moon can eclipse,

Man of a hundred wonders, Lion fair!
All will be well, and we shall smile, I swear!

SONNET CI
(Castellón de la Plana, 19th January 2018)

   Open your voice's bud, the silver rose
Where all the warmest words of love are born;
Open your eyes, and see the path we chose,
Each day a dawning rose, each day a thorn;

   Open your arms, and, only when your Faun
Has found his refuge there and his relief,
Open your chest, and he shall ne'er be gone:
It is his only remedy for grief;

   Open your hands, for there I wish to die,
If you by then still find me worth your skin;
Open your heart and smile! My tears shall dry,
And life shall be like it has never been.

Lost to the world, in you the world I find:
Fortune and Love have never been less blind!

SONETT CII
(Castellón de la Plana, 30. Januar 2018)

   Gesegnet und getauft hast Du den Ring
durch das Gebet in Deinem stillen Kuss,
mein Freund, auf dessen Händen floss der Fluss
des frohen Weinens, das in mir anfing!

   O Liebesbande, die ich gern empfing!
So schwer ein Weg, so lang und ohne Schluss –
und *den* hab' ich gewählt, ganz ohn' Verdruss,
so fest an deinem Arm mein Atem hing!

   Mein ew'ger Herr! Wie weit sind wir gekommen!
Und werden wir bei unsrem See mal liegen,
auf unserem geblühten, sanften Garten?

   Dann hört' ich auf, von Dir gewiegt, zu kriegen
– o Du, Diamant, in mir tief aufgenommen! –
Dann hätt' ich nichts als Dich mehr zu erwarten.

SONNET CIII
(Madrid, 12th February 2018)

   Blow if you will, wild wind, then fade away!
You whistled on my wounds past every wall,
Westward you whined, we wrestled well, they say,
Beyond your wish I would not want to fall –

   But I would fight you back, o wind so fierce,
Firm on my flooded feet I'd face your rage,
I'd know your fists, I'd know how fast you pierce
The foes on which the strife of fear you wage,

   And I would beg you now to let me sleep,
Lulled by the silver of my lion's voice,
So sorely missed, and in my chest so deep,
It is my only reason to rejoice –

O wind! If only you would give a chance
To our forbidden dream, our secret dance!

SONNET CIV
(Castellón de la Plana, 26th February 2018)

   Life is too short for us to live asunder,
For worries to prevail against our joys –
Too short indeed, and striking, like a thunder
So loud, the world has never heard such noise,

   Nor has it seen its lightning's blinding flame,
The beauty of true love, that we do see,
That we make ours, and with our hands proclaim,
For which we know that both our paths agree –

   And I pray God that we may not be scared
To hear the noise and face the roaring light,
I pray that we may always be prepared
For all the threats our blessing shall invite!

O let us read all pages in our book
And ne'er regret we did not dare to look!

SONNET CV
(Valencia, 9th March 2018)

   I shall be yours to death: such is my vow!
And, at my death, your name shall be the sound
My throat shall make, and I shall kiss your brow
As if it were your soul my lips had found;

   And, if you passed away before my time,
I shall make haste and follow you in peace
To where you are, where it shall be no crime
To join our hands in comforting release;

   And, if we were apart when I shall leave,
Expect to feel your Faun caress your arm
Like he would do, his heart upon *your* sleeve,
Now but an angel guarding you from harm;

And he who will be first to bid farewell
Shall build a home in heav'n where we can dwell.

SONNET CVI
(Castellón de la Plana, 2nd April 2018)

  I long to be the perfume on your skin
As if I were a balm, an ointment rare
With spices, flowers and sounds of violin,
And fragrances not to be found elsewhere;

  I long to be the sleeve around your arm,
Embracing it and feeling, then, how strong
And yet how kind 'tis able to disarm
My devils when they scream that I am wrong –

  But we cannot be wrong, my sir, can *we*?
I shan't believe that we have been misled:
Rather defied by fate, you will agree,
To prove that love is nothing we should dread.

I long to breathe the air that you exhale,
Or else the air shall be of no avail.

SONNET CVII
(Castellón de la Plana, 12th April 2018)

"O can you hear the song above the words
And on our tiny window's pane, outside?"
    "I can indeed: 'tis but my friends, the birds
    Announcing love, a spring too long denied!"

"O could you hear the bells starting to ring
When twice you marked the Cross upon my brow?"
    "I dare not say! What promise did they sing,
    If you did hear, my Faun? What was their vow?"

  "My sir! If I could die when bliss took place
Or freeze the course of time, eyes closed in awe
To contemplate the face of bliss: O face!
'Tis none but yours – 'tis one no god can draw!"

"O Faun! You know I needn't close my eyes:
'Tis you, the bliss – its face I recognize."

SONNET CVIII
(Castellón de la Plana, 2nd May 2018)

   One in a million stars, not to be seen
In all the splendour of your burning light
But by a Faun, transfigured in the sheen
That glows afar, the song of every night,

   Evoked in every prayer and every tear
By him who knows your very skin by heart,
One in a million men, o Lion dear!
So deeply missed, so close yet so apart –

   And with a risky jump the Faun ascends
To grasp the flame, if only for an hour,
And quench his thirst of you, which never ends
Nor seems to ever have decreased in power,

One in a million stars, not to be found
But by a Faun that with your love was crowned.

SONNET CIX
(Madrid & Castellón, 9th May 2018)

   O you, the very heart of hearts, the core,
The wide, strong back where I would build a house!
You, the forbidden light on which I swore
To God that you're my true, my only spouse,

   The source of all that's good, of all that cures,
The only arm on which my arm could lean,
O you, the man of wonders! I am yours
In ways that we could never have foreseen,

   And you are mine, though you *cannot* be mine,
For you have built a house upon my breast –
And is my breast not good enough a shrine?
And is the world against your being my guest?

Pray be my guest! If only for one day
Inhabit me! I'm sure you know the way.

SONNET CX
(Castellón de la Plana, 26th May 2018)

   O what *will* be the sound, what *will* you say?
Where *will* your words be born, how *will* they land
Upon my skin? And *will* they know the way
Down to the depths, and *will* I understand?

   O what *will* be my face once you have spoken?
Will you caress my tears, be they of bliss
Or of despair? And *will* they be a token
For all we've had, and all that we *will* miss?

   O *will* you *kneel* with me before the eyes
Of God and all our angels, who *will* come
And who *will* pray in songs of birds and sighs,
And *will* forweep if we to fear succumb?

O *will* we know the way? Where is our lake?
Was it a dream? And *will* we ever wake?

SONNET CXI
(Castellón de la Plana, 9th June 2018)

   They say 'tis wrong to live for the sublime,
For they know not that the sublime is *you* –
And, in their world, it is but wasted time
To build a life on beauty like I do,

   But how could it be otherwise indeed,
If *you*, the man above all other men,
Have proved to be the miracle decreed
By God, to give a sense to faith again?

   And what is life without a higher goal?
Not for a thousand thrones, not for renown,
Not for eternal youth I'd free my soul,
Settling for less than *you*, my laurel crown,

My lion fair, my spouse, my soulmate pure,
My strong and wondrous Jove, my only cure.

SONNET CXII
(Castellón de la Plana, 14th June 2018)

   The stone of violets upon my ring
That you have blessed with hands of strongest silk
And with your silent prayer, a golden wing
On purple velvet and a rose of milk –

   That stone, I say! It is our bed of flowers,
Lilacs and irises, a secret nest
Far from the world – if only for some hours,
My head upon the diamond of your chest,

   My hungry hands in yours, your eyes in mine:
O otherworldly joy, even if brief,
Even if rare! It left a mark divine –
After a year and half my true relief.

How come I shiver still under your gaze?
'Tis true that God works in mysterious ways.

SONNET CXIII
(Valencia, 22 juin 2018)

Puisque je suis à toi, je t'attendrai toujours
En prenant du destin tout ce que je pourrai.
Si tu veux que je parte, alors je partirai
Comme une valise, billet vieux sans retour –

Et comment dirais-je les adieux sans bonjours,
Chansons à mi-chemin que, moi, je chanterai
Avec les yeux blessés d'une tristesse vraie,
Les mots castrés, sans toi, arrachés à l'amour ?

Quand-même j'attendrai, si tu veux que je reste :
J'aurais juste besoin que tu me fasses un geste,
Un de tes beaux sourires, un sourire lointain

Bien gentil, bien discret, comme tu sais le faire :
Ainsi je ne serais qu'Orphée aux enfers
Qui, en sortant, verra que *tu* es le matin.

SONETTO CXIV
(Basilea, 29 giugno 2018)

   Ho sempre quella fervida impressione
che il fuoco azzurro che ora ci circonda
altro non sia che una casa profonda,
la segreta caverna del leone,

   ed è una casa come una canzone
che si sente malgrado si nasconda,
con la voce perfetta e vagabonda
dell'usignolo nella sua prigione.

   Così, per ora, è fatta casa nostra,
la canzone indiscreta ed indicibile,
l'unicorno ribelle della giostra,

   la fiamma vera, che brucia invisibile,
gli uccelli amici e le campane a festa:
che casa troveremo dopo questa?

SONNET CXV
(Basel & Castellón, 6th July 2018)

   When I am far away, forget us not,
Taken as you may be by life's distress,
By those inhabiting your heart and thought,
By those you have to please or to impress;

   And it may be unfair of me to say
That I, as well, can need you just as much
As those who have you near them every day,
Blessed with the honour of your daily touch –

   O man of wonders! "We have marked each other"
And bound we are forever by the cord
My angels wove with gold for a soul-brother,
A shining chain from God, a sacred sword,

O sweetest mate! I fear the coming wind,
But we are trees – unmovable and twinned.

SONNET CXVI
(Castellón de la Plana, 4 août 2018)

« *Dis-moi quelle heure est-il ?* » Je ne peux pas répondre !
La notion du temps, je l'ai déjà perdue
Par l'éphémère joie que ne fait que se fondre,
Que sauter sur nos cœurs, musique inattendue –

« *Quelle heure est-il, alors ?* » Tu t'en vas, je m'effondre,
Il n'y a pas de chiffres, et nous, tous suspendus
Sur le temps dilaté, ne voulons pas confondre
Les gestes que le ciel a nous pris et rendu.

  Voilà cette montre, elle est pour toi, regarde !
Elle te dira l'heure et, jamais par hasard,
Ce qu'il faudra attendre pour se revoir enfin,

  La montre sur ta peau ! J'aimerais bien l'être
Et choisir ton poignet comme lieu pour renaître,
Pour qu'en moi tu lises tous nos moments sans fin.

SONNET CXVII
(Valencia, 15th August 2018)

   I, robbed of you, and you, concealed from me
By forces not to be described or known
And yet legitimate as they can be –
Not really forces, then, but Right alone

   And Law, and life's Machinery and Time
With its designs of public, moral Good,
A wall of faces glad to stone a crime
Already judged, and yet misunderstood –

   For they know not the song that you have sung
While in my arms, nor have they seen your face
Sparkling, becoming free again and young,
Our hands rejoicing in the shape of grace!

What do they know? Tis I who've seen your smile,
The secret, deepest joy in our exile.

SONNET CXVIII
(Basel, 9th October 2018)

  I am so tired! My hands worn out and rough
In sweat and wood, exiled to try my fate
And build a cheerful home, one deep enough
To hold us both in an ideal state –

  If ever you would honour it one day
With all your dearest gestures and the sound
Of your beloved voice, now far away,
And yet so marked in me and so profound!

  If I could have you by my bleeding side
And I could soothe your sorrows in exchange,
Then nobody would ever dare divide
What God had well intended to arrange –

But now I'm far and distant, I am cold;
O could I live between your arms of gold!

SONNET CXIX
(Castellón de la Plana, 14 octobre 2018)

Vous revenez à moi chaque fois comme un fleuve,
L'eau vraie et puissante, le courant sans arrêt
Où je veux bien couler et mourir : je suis prêt !
Revenez, prenez-moi ! Voilà mes yeux pour preuve,

Mes larmes, si lourdes qu'il semble qu'elles pleuvent
Sur les cris de nos cœurs, sur le chemin secret
De nos rêves brisés par ce qui disparaît,
Ce qui vivait toujours dans nous, à toute épreuve –

Et quoi si ces rêves n'étaient que des erreurs,
Et si nous, en effet, n'étions que de rêveurs ?
Ah, venez me prendre comme un fleuve sans fin,

Laissez-moi me cacher sous les vagues profondes
De vos bras célestes : si votre voix m'inonde,
Je mourrais en chantant qu'il n'y a pas de confins.

SONNET CXX
(Barcelona, 20th October 2018)

  My dearest, isn't six your favourite number?
I think it is, if I remember well!
Six dozen angels guard you in your slumber:
Seventy-two, although you cannot tell,

  And with six dozen flow'rs they mark your day,
Born on a twenty-six, the child of spring,
A lion six-feet tall, hard to portray
And, crowned with sixty pearls, my lord and king,

  And to the risk of seeming too consistent,
If I myself may say so in a verse,
We've almost spent two years both near and distant,
Four times six months with nothing to disperse,

And sixty sonnets now! Can you believe?
What could we then not possibly achieve?

THE BALLAD OF THE FAUN
(Basel, 14th December 2018)

   O can it dawn on us, asleep
On the shore of yonder lake?
   Our hands are bare in a silent dance
Which we must ne'er forsake,
   Our eyes are sealed in gentle haze,
Fearful of no mistake!

   The day may break – 'twill find us there
Arms crossed, entwined like leaves
   From a crowded branch of gold and green
To whom the winds are thieves
   And winter's but a coming death
In which no one believes –

   For what should it signify to us
If the sun reveals our smiles
   And points them to the hungry foes
Who've scorned us now for miles?
   O endless they! They never knew
Of Beauty and its trials –

But I, I'll sing from dusk till dawn
The Ballad of the Faun!

   I've sunk and risen high and low –
No "Captain of my Soul"!

   Perhaps I'm fond of building homes
With nothing but a bowl
   Of hopeless fruits and fruitless hopes
I indiscreetly stole

   And ventured to believe were mine
To paint with hands of red,
   Like pictures on my screaming walls
In a room with an empty bed,
   And then, in white, the quicksand floor
On which you never tread:

   'Tis but the floor on which I stand –
O what a lonely ground,
   Well polished by your missing steps
And their sharpened, aching sound!
   But the pictures I paint have you on them
And with them my house I've crowned,

While I still sing from dusk till dawn
The Ballad of the Faun!

   Where *is* he, for the sake of God?
He is so far away!
   The world has taken hold of him:
They make him ride astray
   On a road they tell him is correct,
The road of my decay!

What dare I dream of my lion fair?
How dare I think he's mine,
  If he belongs to all and none,
If I am last in line!
  But can they boast my bleeding voice
When they call his name divine?

  To all he belongs, I have no claim,
And maybe I shall fade
  And vanish, like a memory dear,
Immortal, yet afraid,
  For I alone have seen his light,
For I have seen his shade –

O hear! I cry from dusk till dawn
The Ballad of the Faun!

  O you, the distant, brilliant star
Fair in your silver sheen,
  Your show'rs of fire, your blinding salt
Eye-opening, unseen,
  Your tempest, ready to be heard,
Its heavy snow so clean!

  I wish you'd cover me at night
When you are fire and snow,
  And I could disappear and sink
And be the earth below
  Your stream, so strong upon my grass,
And drink it up, and flow

Where'er the tide would lead its course
between my hungry shores,
　　And draw your river's mighty arm
With all its turning wars
　　Upon my fields, so well aware
that I fall, that I am yours –

And down I hear from dusk till dawn
The Ballad of the Faun!

　　And why should I emerge from you?
'Tis you the river deep,
　　The blue wave swinging in my lungs
That never falls asleep;
　　'Tis for your water I was shaped
And there I float and steep –

　　So, come and fill up to the brim
The branches in my chest
　　Then drag me, let me drift downstream
Like a bird upon the crest:
　　It is my river! It is not!
It cannot stop to rest.

　　And who am I to change its path
Or to detain its flow?
　　For, if one loves, one shall not hold,
Nor shall he fear in woe
　　To boast the open hands of love
And let the loved one go.

But there swims quick, from dusk till dawn,
The Ballad of the Faun.

   If e'er one day the river flows
Into the promised lake
   And the sun breaks on our human shape
With nothing more at stake
   Than our dancing hands and slumbered eyes
Which do not wish to wake -

   If this e'er comes to pass, I say,
Our branches gold and green
   Shall never know of winter's death,
No wind shall freeze the sheen
   On my voice and on your shoulders strong,
Stronger than they have been:

   We'll smile! Our smiles shall be revealed
By the sun about to break
   To our endless foes, who'll never know
The courage it can take
   To build a home with painted walls
On the shore of yonder lake,

And, there, to dance from dusk till dawn
The Ballad of the Faun.

SONNET CXXI
(Wil, 3rd January 2019)

   I fall on naked knees: I wish to fall!
I kiss the blesséd prints left by your feet,
O most belovéd mate! - and then I call
Your holy name, which I tend to repeat!

   I sing in symbols to the angels' host
And to our friends the birds and to the ground,
Still proud to have your steps at least to boast,
And to the air, still pregnant with your sound!

   I pride myself on you - a silent pride
Of empty arms and eyes bound to create
The missing image that I set aside:
The image of a man who'll ne'er be late,

A human god, his voice a sapphire wave
Which I would wed, and with our names engrave.

SONNET CXXII
(Castellón de la Plana, 15 janvier 2019)

   Écoute ! Je connais la blessure profonde :
Elle naît du vide de ta voix disparue,
Du silence obligé, le bruit fort, le plus cru
Que je puisse sentir sur la face du monde –

   Et c'est dur, mon ami, seigneur, si tu m'inondes
Et si tu me remplis de ton eau imprévue,
Et le fleuve parte – mais sans moi, dépourvu,
Brisé par ton manque, épuisé, moribonde !

   J'attends que l'eau vienne, chaque mois, par ta voix,
Mais elle ne peut pas venir auprès de moi.
Je suive la vague céleste de ton son :

   C'est moi qui dois courir, et moi toujours qui nage.
La fatigue me prend en tombant sur la plage –
Je ne veux pas mourir. Chante-moi ta chanson.

SONNET CXXIII
(Basel, 3rd February 2019)

   The faun stood up as he began to sing,
His honey curls cascading in the light
That shone in purple shades around the king,
His voice a golden flute, an arrow bright:

 « *Revenez, mon ami, vous savez que j'attends,*
Les nuits dures, vides, les jours faux, les jours sales !
J'attends votre bouche, les mots qui en exhalent –
Et rien ne me reste qu'attendre en vous chantant. »

   The king arose, stretched out his mighty arms
And, as he fixed his eyes upon the faun,
Kissed him, as if it saved him from all harms,
And thus he spoke, his voice a silver dawn:

« *Mon faune ! Je suis là : pourquoi m'attendez-vous ?*
Nous sommes à la fois nulle part et partout. »

SONNET CXXIV
(Madrid, 12th February 2019)

   Our house shall have a garden full of flow'rs,
A golden tree where birds shall come to live,
To sing their songs as if their tunes were ours –
And when they'll rest, we'll bless them and forgive.

   It shall be kind, our house, and made to measure:
Our kitchen warm with cinnamon and clove,
And I shall cook for us, for our own pleasure,
Our favourite dishes on the flaming stove –

   Our rooms shall smile delighted from the joy
Heav'n will have sent us like a gentle wave
Of blossomed breeze no fog can e'er destroy,
And ev'ry day shall be a day to save.

O will we be thus blessed, if life allows?
If not, may God at least have heard our vows.

SONNET CXXV
(Zürich, 26. Februar 2019)

   Wie anders klingt der Raum! Hier tönt dein Wort
Und schwimmt in Silber, über tiefen Wellen –
Doch woher kommt es, wenn nicht aus den Quellen
Der Liebe selbst, und wenn die Liebe dort,

   Wo du entstehst, nicht wohnte? Denn sofort
Scheint deine Stimme klar im wahren Hellen –
O reiche Stimme, schwer treu darzustellen!
Sie schweigt, dann steigt sie auf und will noch fort,

   Doch tanzt in ihr das Lied der Nachtigallen
Und ihre Augen singen glockenrein
Als wären sie genannt im Himmelssegen!

   Du lauter Fluss von unbekannten Schallen,
Deren Akkorde stimmen in mich ein
Wie off'ne Erde und erwünschter Regen!

SONNET CXXVI
(Basel, 29th March 2019)

   Come to the secret garden – through the green!
I shall be waiting for your feet to dance
Upon the summer grass, and for the sheen
That sings upon your arms to be, perchance,

   The crystal dew that can revive my throat!
Come to our garden like a longed-for vision,
Wearing its climbing roses as a coat!
I'll wear them too despite the world's derision –

   The world knows not where our Arcadia dwells,
Nor what it means, for 'tis no common garden:
The birds can talk, and from afar two bells
Rejoice out loud – they needn't beg our pardon –

And blossoms rain on us with all their scent:
Pray come and see! We never shall repent.

SONNET CXXVII
(Bâle, 4 mai 2019)

   Et quand est-ce que tu viendras pour me trouver,
Tout seul, moi, tout caché dans la vide maison
Où j'attends le fleuve contre toute raison
Pour qu'il puisse d'abord me tuer, me sauver ?

   Tu ne viendras jamais : je peux bien en rêver,
Mais tout s'arrête, froid, saison après saison,
Avec le chant perdu des oiseaux en prison,
Des cloches fermées – chant trop tôt soulevé !

   Comment aurais-je pu alors imaginer
Que tu serais venu comme un dieu fulminé,
Tombé par un bonheur interdit sous tes cieux

   Et, donc, tombé sur moi comme un fleuve enragé ?
Mais tu ne viendras pas ! Je serais le messager
De ce qui manquera toujours devant tes yeux.

SONNET CXXVIII
(Boston, 5th June 2019)

   Better that I had been an upbeat chord
And missed your entrance on the barren stage;
Better that our bare hands had never soared
And danced before the world's impending rage;

   Or better still that I had turned my back
On all the wonders of our secret play,
Never rehearsed nor smooth – but gold and black
Like the forbidden stage that fades away;

   But I believed that it was meant to be,
And now each sound and image speak of you,
And from the river there's no way to flee,
No safe goodbye, no dry adieu,

We blessed and cursed, sublime and paralyzed
And *contra mundum* – utterly despised.

SONETTO CXXIX
(Basilea, 23 giugno 2019)

  Con lo scroscio del verde sopra il legno
Crolla la pioggia dura sulle foglie
Come un'onda indiscreta che raccoglie
L'addio inevitabile ed indegno –

  Gli uccelli tacciono sotto il suo segno,
La terra secca beve e si discioglie;
La pioggia cade sulle secche doglie
E le lambisce pigra, senza impegno.

  Un giorno busserai alla finestra,
Stanco del mondo, e canterai piangendo
Per sapere se attesi il tuo ritorno,

Come sempre, seduto alla tua destra.
Ritorna pure: vedi che t'attendo
Muto e sconfitto senza il tuo buongiorno.

SONNET CXXX
(Basel, 7th August 2019)

   O I shall miss you always on my skin,
You the true lion sunk below the sand,
Swallowed by those who'd call our song a sin –
'Tis plain to see they've got the upper hand.

   But I shall miss you every senseless day,
And at some point, we'll meet by accident,
We'll shake our hearts and wipe the dust away:
God knows to part was never our intent.

   "Your name among my fingers is a bird"
You sang, remembering a rhyme of old –
Well, keep it safe or crush him down, unheard,
Build him a nest or have him burned or sold,

Dispose of him or fly to save his name:
'Twas just a faun. He loved you all the same.

SOPRAVVIVENZA

SONETTO CXXXI
(In volo, 29 ottobre 2019)

   Ecco la luce nasce dal tuo viso,
Gemello ritrovato: mi hai guarito!
Mentr'io stavo affondando nel ruggito
Del fiume che per poco non m'ha ucciso,

   Ecco m'hai afferrato col sorriso
Desiderato e dal cielo esaudito,
E col nostro rinascere infinito
Noi cantiamo un miracolo improvviso:

   "Compagno sconosciuto nel dolore
Ch'è passato e che ancora fa paura,
Celeste, benedetta creatura!

   Senti la voce nuova dell'amore:
Per essa sarai presto risanato
Ed io con te – perché tu m'hai salvato."

SONETTO CXXXII
(Monaco di Baviera, 7 novembre 2019)

   Le castagne ed il miele nella brezza
Degl'occhi bruni di terra profonda
E la voce nel vento, come l'onda
Del fiato testimone di dolcezza,

   E l'acero rosso – semplice fortezza
Che s'innalza ed il mondo la circonda
E la tua mano sembra che risponda
Col suo stesso fruscio, colla carezza

   Della speranza d'una vita nuova,
E le parole nuove e coraggiose
Che cantano perfette, senza prova.

   È vero: la tua mano mi rispose
Che tu sei il sole dopo la bufera –
Ecco esaudita in te la mia preghiera.

SONETTO CXXXIII
(Basilea, 13 febbraio 2020)

  La vita ti presenta senz'avviso,
Fra le tenèbre sporche e 'l buio, indegno
Degl'occhi tuoi celesti, quasi un pegno
Di pietà da quel mondo che m'ha ucciso –

  M'hai detto un ciao che pareva un sorriso,
E che il mare è profondo: forse il segno
D'una nuova marea, senza ritegno,
D'un tetto contro il vento all'improvviso.

  E dunque il mondo mi riprende a scherno
Perch'io non t'abbia come redenzione
Di tutto il tempo perso in mezzo al pianto,

  Ché non sei pronto a fuggire l'inverno
Sulla nuvola mia, sull'aquilone,
Insieme un grido d'aiuto ed un canto.

SONETO CXXXIV
(Basilea, 12 de marzo de 2020)

Tú, rey de roble, de olivo y miel griega,
centauro semidiós fuerte y prohibido -
me meces en tu pecho, bienvenido
como tierno cantor que se te entrega,

yo, un Orfeo privado que sosiega
parte de sus suspiros en el nido
de tu espalda de mármol bendecido,
del poderoso abrazo, que me pliega

como un velo de seda, sin quebrarme -
Y eres un Zeus cambiado, un blanco toro
con tu barba de bosque de romero.

Me duele verte marchar sin quejarme,
Y compartir oculto tu tesoro:
Yo no sé si te tengo y desespero.

SONETO CXXXV

(Zurigo, 28 settembre 2020)

   La torre crolla fiera e dura a terra
col silenzio perfetto del terrore –
e il battito deluso del suo cuore
fa un tonfo sordo, stanco della guerra.

   Colmo di frutti che nessuno afferra
l'albero crolla come un vecchio fiore,
tragicommedia con un solo attore,
dimenticata ed oltraggiata serra.

   Così io crollerei se tu venissi
esercito inatteso ad assediarmi,
forse a distruggermi, se non gli aprissi,

   come una Gerico, con trombe e carmi –
e, pure se non crollo mai del tutto,
il tuo mancato assalto m'ha distrutto.

SONNET CXXXVI
(Zürich, 28. Januar 2021)

O du entfernt, einst herrlich lichtgetragen
als wärst du gleich die Lüge und der Traum,
wie ich's dir sang: „Wir sind der Doppelbaum,
dessen Vorname niemand kann mehr sagen" –

Aber ich rede mich um Kopf und Kragen:
du warst der Fluss, du warst der Flutenschaum,
wo ich ertrank – erwünschter, dunkler Raum!
Dich hab' ich auf dem nackten Hals ertragen,

du warst die Welle tief in meinen Lungen
und das Gesicht der Liebe durch das Feuer,
das sich erschöpft hat und sich leer gesungen!

Ich hatte mich auf Dich so ungeheuer
verlassen und gefreut, dass ich verschwand
wie Möwen weggeblasen auf dem Sand.

SONNET CXXXVII
(Basel, 9th June 2021)

   How could you not return to save my eyes
From black'ning misery, and from the wreck
That we have forged while breathing in disguise,
To sing the name you'd carved upon my neck?

   And if your name is on my bleeding skin,
Why shan't you fly to rescue what remains
Of my tormented cries, beguiled by sin,
To hold my dried-up chest, my empty veins?

   And when you dare to come and speak the truth
I will collapse, astounded by the river
Of longed-for clarity and missing sooth,
The gifts that I had wished you to deliver –

You shall not come, and I shall waste away,
Unable to forget for a new day.

SONETTO CXXXVIII
(Zurigo, 25 aprile 2022)

   La carta non è mai di nuovo bianca.
La tavola, se rasa, è forse al suolo.
Da capo si riprende, e 'l vecchio duolo
lo sguardo abbassa, se di voce manca –

   Eppure, la partenza si spalanca
sembrando un tuffo più che un nuovo volo,
coi piedi svelti calpestati a nolo
fuori dal lago antico che si stanca –

   Parti e riparti, viaggiatore esperto,
colla bandiera nuova e ricucita
e con lo strappo rosso ancora aperto

   da cui non sai se la speranza è uscita,
ma al mondo dici che ne sei ben certo:
Minerva applaude, e Venere è allibita.

BENEDIZIONE

SONNET CXXXIX
(Basel, 7. Juni 2022)

   Dein Licht aus Honig und Smaragd, die Welle,
die Du aussendest, so durchdringend voll
mit Elektrizität, und liebestoll
und zart, wie eine hohe Glaskapelle,

   wo man durchsichtig betet – eine Quelle
mit buntem, tiefem Wasser hoffnungsvoll:
aus Dir kam es gewiss – aus Dir entquoll
der Klang: Du unerwarteter Geselle!

   Wie rückgeführt und atemlos gewiegt
doch voller Atem, schwimmend in dem Duft
von Deinem Funkeln, das zu mir hinfliegt,

   das mir so hell erscheint, das an mich ruft –
Unter der Feuerzunge hat's gesprochen
und ist in mich willkommen eingebrochen.

SONNET CXL
(Valencia, 3rd July 2022)

Parting from you is every time a stretch
of longing patience and of golden strings
that, sown between our chests, would draft a sketch
of unknown peace and of a home that sings –

but you're so unaware of your own powers,
strong-handed, gentle gardener of love,
that you exude your scent on me like showers
of sweat and kisses sent from God above.

You wore my rosary upon your skin of milk
and now 'tis also yours, while I have worn
your clothes, and you've worn mine, in silver silk,
in purple wool – we're safe to be reborn!

Melt and embrace me: it is not too late,
o you! my equal, unexpected mate!

SONNET CXLI
(Baden, 26th April 2023)

   Paint me with colours found in water streams,
In the old trees along the river banks;
Draw the connecting thread between the seams
Of flow'rs that float anew to give their thanks;

   And grow me like a tree that never dies,
with figs and oranges and tender leaves –
The gray and green that shines within your eyes
A bubbling source where true love never grieves –

   Now that we have a home where we can sing
To heal the stones that lie upon the past,
Teach me to treasure all that fate will bring,
All that we'll share, as long as life will last –

For when we breathe in unison, embraced,
I know I'm safe: all evil is erased.

Indice

INFANZIA — 3
Il Paradiso (Sassuolo, 1991) — 5
La danza d'una farfalla (Sant'Antonino di Casalgrande, 5 giugno 1992) — 5
Le stelle (Sant'Antonino di Casalgrande, 5 giugno 1992) — 6

PROLOGO — 7
Primer Soneto (Benicàssim, verano de 1996) — 8
Décima I (Benicàssim, verano de 1996) — 9
Décima II (Benicàssim, verano de 1996) — 9
Soneto II (Vila-real, verano de 1997) — 10
Soneto III (Vila-real, verano de 1997) — 11
Soneto IV (Vila-real, verano de 1997) — 12
Soneto V (Vila-real, verano de 1997) — 13
Soneto VI (Vila-real, enero de 1998) — 14
Soneto VII (Vila-real, mayo de 1998) — 16
Sonet VIII (Vila-real, febrer de 1999) — 17
Soneto IX (Vila-real, febrero de 1999) — 18
Soneto X (Vila-real, marzo de 1999) — 19
Soneto XI (Vila-real, marzo de 1999) — 20
Madrigal (Vila-real, verano de 1999) — 21
¿Dónde está el otoño? (Vila-real, verano de 1999) — 22
Balada del naufragio (Vila-real, agosto de 1999) — 23
La guerra de amor (Vila-real, noviembre de 1999) — 31
¡Amarga soledad! (Vila-real, noviembre de 1999) — 33
Ganímedes (Vila-real, noviembre de 1999) — 34
"El último lugar…" (Vila-real, diciembre de 1999) — 36
¡Traición! (Vila-real, 22 de diciembre de 1999) — 37
Brisa del desierto (Vila-real, 29 de diciembre de 1999) — 38
El héroe (Vila-real, 9 de enero de 2000) — 39
Amor a la muerte (Vila-real, febrero de 2000) — 40
Primer amor (Castellón de la Plana, 6 de marzo de 2000) — 41
Manzana de oro (Vila-real, 30 de mayo de 2000) — 43
Demasiado tarde (Vila-real, 20 de julio de 2000) — 43

RICERCA — 45
Guerra y amor (Vila-real, de febrero a julio de 2001) — 46
Crisi (Vila-real, settembre 2001) — 48
Improvviso (Vila-real, ottobre 2001) — 49
La foglia (Vila-real, ottobre 2001) — 51
Chiesi e tacquero (Vila-real, novembre 2001) — 52

L'airone (Vila-real, 23 novembre 2001)	53
Le parole del buio (Vila-real, 3 dicembre 2001)	54
Angelo sulla terra (Vila-real, gennaio 2002)	55
Le forme del tempo (Vila-real, 22 febbraio 2002)	56
Impromptu II (Vila-real, spring 2002)	57
Nel bosco (Vila-real, 7 agosto 2002)	58
Tulipani (Vila-real, 26 agosto 2002)	61
I Shall Wait (Vila-real, 10th August 2002)	62
Crocifissione (Vila-real, 15 maggio 2003)	63
Profumo verde (Castellón de la Plana, 16 maggio 2003)	64
La fotografia (Vila-real, 18 luglio 2003)	65
Inferno a parte (Vila-real, luglio 2003)	66
Sonetto XII (Vila-real, dicembre 2003)	69
Sonetto XIII (Vila-real, 15 marzo 2004)	70
Sonetto XIV (Vila-real, 31 marzo 2004)	71
Il tempo perso (Vila-real, luglio 2004)	73
Ribellione (Vila-real, agosto 2004)	74
Dolce amore (Vila-real, agosto 2004)	75
Soneto XV (Vila-real, 3 de septiembre de 2004)	76
Sonetto XVI (Castellón de la Plana, marzo 2005)	77
In Emilia (Sant'Antonino di Casalgrande, novembre 2005)	79
Sonetto XVII (Castellón de la Plana, dicembre 2005)	81
Sonetto XVIII (Valencia, 30 maggio 2006)	82
PARTENZA	**83**
Sonetto XIX (Basilea, 18 novembre 2007)	85
Paura di sentire (Basilea, aprile 2008)	86
Sonetto XX (Basilea, 14 maggio 2008)	87
Stanchezza (Basilea, 24 ottobre 2008)	88
Stanchezza II (Basilea, 19 novembre 2008)	89
Dolore (Basilea, 22 gennaio 2009)	90
Il forte Reno verso Nord (Basilea, 4 aprile 2009)	93
Solitario viaggiatore (Basilea, 4 aprile 2009)	94
Barba di grano (Basilea, 2 maggio 2009)	95
Per un sorriso (Basilea, 2 maggio 2009)	96
Ti chiudono la bocca (Basilea, 3 maggio 2009)	97
Sonetto XXI (Basilea, 3 maggio 2009)	99
La strada per non scendere (Basilea, maggio 2009)	100
Bruci dentro (Kiel, 1° settembre 2009)	101
Chi comprenderà il tuo valore (Kiel, 1° settembre 2009)	102
Canzone della nebbia (Basilea, autunno 2009)	103
Rumore (Castellón de la Plana, 13 febbraio 2010)	103
Miseria del mondo (Basilea, marzo 2010)	104
Rimanere soli (Basilea, 14 marzo 2010)	104

Preghiera (Basilea, 2 aprile 2010) 105
Pulito (Basilea, 6 ottobre 2010) 105
    Sette Sonetti di Francoforte
    Sonetto XXII (Francoforte, 28 novembre 2011) 107
    Sonetto XXIII (Francoforte, 29 novembre 2011) 108
    Sonetto XXLV (Francoforte, 29 novembre 2011) 109
    Sonetto XXV (Francoforte, 30 novembre 2011) 110
    Sonetto XXVI (Francoforte, 1° dicembre 2011) 111
    Sonetto XXVII (Francoforte, 2 dicembre 2011) 112
    Sonetto XXVIII (Francoforte, 29 dicembre 2011) 113
Sonetto XXIX (Basilea, 3 aprile 2012) 114

CADUTA LIBERA **115**
Sonet XXX (Niça, 10 de maig de 2012) 116
Sonetto XXXI (Basilea, 21 giugno 2012) 117
Lied für das Kind – I (Stuttgart, 30. September 2012) 118
Lied für das Kind – II (Stuttgart, 3. Oktober 2012) 119
Sonetto XXXII (Valencia, 25 ottobre 2012) 121
Sonetto XXXIII (Castellón de la Plana, 18 gennaio 2013) 123
Sonetto XXXIV (Castellón de la Plana, 21 gennaio 2013) 124
Sonetto XXXV (Castellón de la Plana, 21 gennaio 2013) 125
Sonetto XXXVI (Castellón de la Plana, 28 gennaio 2013) 126
Sonetto XXXVII (Castellón de la Plana, 11 febbraio 2013) 127
Sonetto XXXVIII (Basilea, 3 marzo 2013) 129
Sonetto XXXIX (Basilea, 28 agosto 2013) 130
Sonetto XL (Düsseldorf, 23 ottobre 2013) 131
Sonetto XLI (Castellón de la Plana, 20 febbraio 2014) 133
Sonetto XLII (Castellón de la Plana, 4 marzo 2014) 134
Soneto XLIII (Madrid, 13 de julio de 2014) 135
Sonetto XLIV (Sapporo, 23 agosto 2014) 137
Sonetto XLV (Karlsruhe, 19 gennaio 2015) 139
Sonett XLVI (Karlsruhe, 6. Februar 2015) 140
Sonetto XLVII (Karlsruhe, 9 febbraio 2015) 141
Sonet XLVIII (Karlsruhe, 17 de febrer de 2015) 142
Sonetto XLIX (Valencia, 22 luglio 2015) 143
Soneto L (Castellón de la Plana, 14 de enero de 2016) 144
Sonetto LI (Basilea, 24 gennaio 2016) 145
Sonetto LII (Basilea, 25 gennaio 2016) 146
Sonetto LIII (In volo, 24 aprile 2016) 147
Sonetto LIV (Valencia, 30 luglio 2016) 149
Sonetto LV (Vienna, 8 agosto 2016) 150
Sonetto LVI (Castellón de la Plana, 17 agosto 2016) 151
Soneto LVII (Basilea, 24 de agosto de 2016) 152
Soneto LVIII (Castellón de la Plana, 7 de septiembre de 2016) 153

Sonetto LIX (Valencia, 4 ottobre 2016) 155
Sonetto LX (Castellón de la Plana, 21 ottobre 2016) 156

THE BALLAD OF THE FAUN **157**
Sonnet LXI (*Ganymede*) (Castellón de la Plana, 21st December 2016) 158
Sonnet LXII (Castellón de la Plana, 1st January 2017) 159
Sonnet LXIII (*The Faun*) (Valencia, 12th January 2017) 160
Sonnet LXIV (In the air, 12th January 2017) 161
Sonnet LXV (Castellón de la Plana, 7th February 2017) 163
Sonnet LXVI (Castellón de la Plana, 12th February 2017) 164
Sonnet LXVII (Madrid, 22nd February 2017) 165
Sonetto LXVIII (*Sul lago*) (Castellón de la Plana, 1º marzo 2017) 166
Sonetto LXIX (*Madrigale*) (Lione, 6 marzo 2017) 167
Sonnet LXX (Valencia, March 2017) 168
Sonnet LXXI (Zürich, April 2017) 169
Sonnet LXXII (Sevilla, April 2017) 170
Sonnet LXXIII (Castellón de la Plana, April 2017) 171
Sonetto LXXIV (Madrid, 14 aprile 2017) 172
Soneto LXXV (Vila-real, 22 de abril de 2017) 173
Sonetum LXXVI (Averium, XXVIII. Aprilis MMXVII) 175
Sonnet LXXVII (Valencia, 17th May 2017) 176
Sonnet LXXVIII (Castellón de la Plana, 29th May 2017) 177
Sonnet LXXIX (Basel, 7th June 2017) 178
Sonnet LXXX (In the air, 8th June 2017) 179
Sonnet LXXXI (Madrid, 20th June 2017) 181
Sonnet LXXXII (Castellón de la Plana, 29th June 2017) 182
Sonetto LXXXIII (In volo, 17 luglio 2017) 183
Sonnet LXXXIV (Xátiva, 5th August 2017) 184
Soneto LXXXV (Castellón de la Plana, 11 de agosto de 2017) 185
Sonnet LXXXVI (In the air, 28th August 2017) 186
Ballad of the Brave (Castellón de la Plana & Basel, 7th September 2017) 187
Sonnet LXXXVII (Castellón de la Plana, 30th September 2017) 193
Sonnet LXXXVIII (Castellón de la Plana, 4th October 2017) 195
Sonnet LXXXIX (Castellón de la Plana, 9th October 2017) 197
Sonnet XC (Castellón de la Plana, 24th October 2017) 198
Sonnet XCI (Castellón de la Plana, 4th November 2017) 199
Sonnet XCII (Castellón de la Plana, 11 novembre 2017) 200
Sonnet XCIII (Castellón de la Plana, 16 novembre 2017) 201
Sonnet XCIV (Castellón de la Plana, 25 novembre 2017) 202
Sonnet XCV (Castellón de la Plana, 2nd December 2017) 203
Soneto XCVI (En vuelo, 10 de diciembre de 2017) 204
Sonnet XCVII (Basel, 26th December 2017) 205
Sonnet XCVIII (Basel, 31st December 2017) 206
Sonetto XCIX (Basilea, 3 gennaio 2018) 207

Sonnet C (Basel, 8th January 2018)	208
Sonnet CI (Castellón de la Plana, 19th January 2018)	209
Sonnet CII (Castellón de la Plana, 30. Januar 2018)	210
Sonnet CIII (Madrid, 12th February 2018)	211
Sonnet CIV (Castellón de la Plana, 26th February 2018)	212
Sonnet CV (Valencia, 9th March 2018)	213
Sonnet CVI (Castellón de la Plana, 2nd April 2018)	214
Sonnet CVII (Castellón de la Plana, 12th April 2018)	215
Sonnet CVIII (Castellón de la Plana, 2nd May 2018)	217
Sonnet CIX (Madrid & Castellón de la Plana, 9th May 2018)	218
Sonnet CX (Castellón de la Plana, 26th May 2018)	219
Sonnet CXI (Castellón de la Plana, 9th June 2018)	220
Sonnet CXII (Castellón de la Plana, 14th June 2018)	221
Sonnet CXIII (Valencia, 22 juin 2018)	222
Sonetto CXIV (Basilea, 29 giugno 2018)	223
Sonnet CXV (Basel & Castellón de la Plana, 6th July 2018)	225
Sonnet CXVI (Castellón de la Plana, 4 août 2018)	226
Sonnet CXVII (Valencia, 15th August 2018)	227
Sonnet CXVIII (Basel, 9th October 2018)	228
Sonnet CXIX (Castellón de la Plana, 14 octobre 2018)	229
Sonnet CXX (Barcelona, 20th October 2018)	230
The Ballad of the Faun (Basel, 14th December 2018)	231
Sonnet CXXI (Wil, 3rd January 2019)	236
Sonnet CXXII (Castellón de la Plana, 15 janvier 2019)	237
Sonnet CXXIII (Basel, 3rd February 2019)	238
Sonnet CXXIV (Madrid, 12th February 2019)	239
Sonnet CXXV (Zürich, 26. Februar 2019)	240
Sonnet CXXVI (Basel, 29th March 2019)	241
Sonnet CXXVII (Bâle, 4 mai 2019)	242
Sonnet CXXVIII (Boston, 5th June 2019)	243
Sonetto CXXIX (Basilea, 23 giugno 2019)	244
Sonnet CXXX (Basel, 7th August 2019)	245
SOPRAVVIVENZA	**247**
Sonetto CXXXI (In volo, 29 ottobre 2019)	248
Sonetto CXXXII (Monaco di Baviera, 7 novembre 2019)	249
Sonetto CXXXIII (Basilea, 13 febbraio 2020)	250
Soneto CXXXIV (Basilea, 12 de marzo de 2020)	251
Soneto CXXXV (Zurigo, 28 settembre de 2020)	252
Sonnet CXXXVI (Zürich, 28. Januar 2021)	253
Sonnet CXXXVII (Basel, 9th June 2021)	254
Sonetto CXXXVIII (Zurigo, 25 Aprile 2022)	255

BENEDIZIONE	**257**
Sonnet CXXXIX (Basel, 7. Juni 2022)	258
Sonnet CXL (Valencia, 3rd July 2022)	259
Sonnet CXLI (Baden, 26th April 2023)	260

SPECIAL THANKS TO...

Mamma & Papà –
for all I have learned from them,
for the character, for the art,
for the unseen and the third eye

Belén –
for her friendship and love

All the people referred to in the poems –
for all I have learned about life
by allowing them to be part of it,
sometimes enriching me,
sometimes hurting me:
I always learned something

My beloved teachers –
Anna, Lina and Carmen, above all,
For everything they have taught me

Hanu – for the happy end

**Baden (Switzerland)
1st May 2023**

Milton Keynes UK
Ingram Content Group UK Ltd.
UKHW020623050324
438776UK00006B/1030